Die Nuwe Era Groot Verseboek 2025

Samesteller Marsofine Krynauw

Malherbe Uitgewers Publikasie

Samesteller: Marsofine Krynauw
Voorbladontwerp: Malherbe Uitgewers

Geset in Franklin Gothic Book 12pt

Alle regte voorbehou
Kopiereg ©digters
ISBN 978-1-997443-14-8
Eerste Uitgawe 2025

Hierdie boek mag nie sonder skriftelike verlof van die uitgewer of skrywer gereproduseer of in enige vorm of langs enige elektroniese of meganiese weg weergegee word nie, hetsy deur fotokopiëring, plaat- of bandopname, mikrofilm of enige ander stelsel van inligtingsbewaring.

INHOUD

Bruno Andries 1
    Baguette en bloukaas 1
    Vrye vers 2
    Vroeër was alles beter 3
    Kakofonie in G-mineur 3
    Bloutrein 4
    Eendag 4
    Boesmangraffiti 4
    Liefdesdaad 5
    Notule van vergadering 7
    Melkweg 7
    Ek wil 7
    Vir jou 8
    Sterre en planete 8
    Die vlakte duskant Hebron 8

Ridewaan Arries 10
    Noot vir noot 11
    Die straks van verlange 11
    Die stem van stilte 12

Anne-Marie Bartie 13
    Die gewig van trane 13
    Die statitis 14
    Purple Rain 15
    Tableau vivant 16
    Teragram 17
    Uurglas 18
    Verlore rib 18
    Vermaning 19

    Drenkeling 20
Irene Bowles 21
    Sal ons liefde nog bestaan? 21
    Treurwilge in die kou'vuur 22
    Vind jou weg na God 23
    Namakwaland, jy smeekroep! 24
    Kyk! Die water kom 24
    U is wat U is 26
    Hierjy-kind 27
    Ek is 'n ou plaashek 27
    Sonsopkoms 28
    Hangend aan die kruis 29
Maritha Broschk 30
    Ad Infinitum 30
    Ballade vir 'n drenkeling 31
    Ek sterf jou nie af nie 32
    Familie-viering, 5 April 2025 32
    Haikoe vir 'n digter 34
    'n Winterstriolet 35
    Op die bus 35
    In die apteek 35
    Op die radio 35
    Tot dan 35
    Uurglas van 'n gevalle koningin 36
    Wanneer woorde asemhaal II 37
Stanley Cierenberg 38
    Die dood 38
    Voetpad tot hartpad 38
    Aandete 39

- Gesels by die Vismark 40
- My geliefde 41
- Eenvoud 42
- My tuin 42
- Ek wou 43

Leonita Coutts 44
- Hartstaal 44
- Seisoene 45
- In infrarooi 45
- Onthou 46
- Wanneer die wind fluister 46

Marietjie Espach 48
- Duine 49
- Hier en nou 49
- Lelies van die oseaan 49
- Ons liefde 50
- Vaarwel 50
- Pappa 50
- See 51
- Silwerreën 51
- Soeke 51
- Jy 52

Andries Fourie 53
- As die windpomp draai 53
- Cool Hand Luke 55
- Genadevrou 56
- Oom Piet se spook 57
- Uitspoegsel 60

Drienie Joubert Kelly 62

- Die Bibberbeen-Brigade 62
- Jumble Sale 64
- Spore van tyd 65
- Tweede Deur 65
- Windpompsjerrie 66

Marsofine Krynauw 68
- Die duine van die Namib 68
- Harte wat reën 69
- Lojaliteit 70
- Perfekte simfonie 71
- Druppeldans 72
- Foto's teen my hart se mure 74
- Iewers is dit somer 75

Paul Krynauw 76
- Deurnag Land Toe 76
- Menseregte 79
- Vergewing 80

Cecila Laing 81
- Metafoor vir Moses 81
- Romantica 81
- Xenofobie 82
- Ter nagedagtenis 83

Jackie Mans 84
- Plaasvrou se gebed 84
- Jy 85
- Ruimte in haar skoot 85
- In die gange van jou siel 86
- Leemte van 'n stil dood 87
- Die storm in my 88

    Nog 'n bottel wyn 89

    Bitter.. 89

    Hulp geroep van 'n kind... 90

    Doringdraad 91

Lois Massyn 92

    Nardussalf 92

    Winterbrand 93

    Ukulele-snaar... 93

    Genadewater 94

    Op 'n besem na die maan 95

    Ghnarrabos-droom... 95

    Vlug van die paardebloem 96

    Soete ambrosia 96

    My hart blom wit 97

    Skedelkus 98

    Verspeelde kanse 98

Mossie Mostert 100

    Amalgamasie 100

    Dissipels van satan.. 101

    Fasade 101

    Jy is 102

    Vandag miskien 102

    Wens vir jou... 103

Marinda Niemand 105

    Ek en jy.. 105

    Tyd Sonder 'n Naam.. 106

    Die lelie en die stroom 106

    Myne... 107

    Waar Is Jy? 108

Tekens Van Liefde	108
Mooiste Mooi	109
Uit die donker	109
Wie sê dan nou so	110
Kyk net op	111

Susanne Pretorius 112

Kalahari rooi duine	112
My Kahlo skildery	113
Op reis na vandag	113
Rond is die son, rond is die maan	115
Treurwilger	115
Skuiling	116
September	116
Oujaar/Nuwejaar	117
Die hele boksemdais	118
Tot wedersiens	120

Johan W Riekert 121

Dankgebed	121
Klein duifie	122
Eerste ryp	122
Potjiekos	122
Sy	122
Digkuns	123
Koloniale standbeeld langs die see	123
Buurman	124
Mauserloop	124
Lichtenburg museum brand	124
Drome	125
My wil	125

Gerard Scholtz 127
    Diep in jou hart is jy 'n Katalaan 127
    Geminides 129
    Heerser van die tongval 131
    Sit tibi terra levis 132
    Oorgangsrite 133
    Ons skryf sinne in die nag 135
    Haikoes 136

Ilze van Wyk Snydert 138
    Die Bejaardes 138
    Die Middeljarige 139
    Kindertjies 140
    Kindertoelae 141
    Tieners 142
    Waks 143

Andre Strijdom 144
    Lapgeaardheid 144
    Duisend vorme 145
    Die liefde is 'n towerkrag 146
    Vinkel en koljander 146
    Tyd-aandele 147
    Geheime van liefhê 148
    Kuberruimte-engel 149
    'n Tong-in-die-kies liefde 150
    Ode aan Breyten: Die man met die groen trui 151
    Ons vir jou 151

Loretta Szikra 153
    Spoelsand 153
    Naspel van 'n vallende stel 154

  Op soek na Ararat 154

  Onder jou vel 155

  Skemer in Kartoem 155

  Ver verby die somer 156

  Einde herfs 156

  Winterfront 157

  Ek hoor nie meer die musiek nie 159

  As die laaste dolos draai 159

  Dorsgety 160

  Stilte voor die storm 161

  Daar was 'n tyd 161

  Sirkelspore 162

  Verdiende loon 162

Dietloff van der Berg 164

  Hebban olla vogala 164

  Tafelberg 166

  Benut 167

  Aanslag 167

  Samesang 168

Elmarie van Kampen 169

  Jy 169

  Druppel 170

  My lief 170

  Plantasie 171

  Troos 171

Arnold van Zyl 173

  Die onthou dae 173

  Ken die hart 174

  Die nagtelike spoor 175

- Jou perfektheid 176
- Diorama 176
- Jou brokkel-hart 177
- Nuwe verskynsel 177
- Tyd se voetval 178
- Het g'n ma of pa 178
- Heuning-dou 179

Elizma van Zyl 180
- Die grys gebied 180
- Galileo Galilei 181
- Bevry die Spreukevrou 181
- Die X-faktor 182
- Fosielgas 182
- Genoeg 183
- Siembamba 184

Jonine von Wielligh 185
- Ma 185
- Minimalisme 187
- Reisgenoot 187
- Rotasie 188
- 'n Saterdag in September 189
- Oogkontak 189
- Voortvlugtend 190
- Aneurisme 190
- Dahlialaan 191
- Om heel te raak 191

Etna Wepener 193
- In die nou 193
- Ekwilibrium 195

Geel se bindkleurkuns 196

Grafblomme ... genadeblomme 196

Branderrepetisie 197

Skepping 197

Grensoorlog se rou 197

Hier sal ek groei 199

Begin en einde 200

Nawoord 201

Voorwoord

In 'n tyd waarin die wêreld aanhoudend verander, bly die digkuns 'n stil getuie van ons menswees ... 'n stem vir dit wat dikwels nie gesê kan word nie. Met *Nuwe Era Groot Verseboek 2025* bring ons hulde aan die krag van woorde, aan digters wat nie slegs skryf nie, maar raakvat aan die hart van 'n volk, 'n landskap, 'n tydsgees.

Hierdie bundel is nie net 'n versameling verse nie, maar 'n ontmoetingsplek. Bekende en nuwe stemme vind mekaar tussen die bladsye en skep saam 'n polifonie van gedagtes, emosies en belewenisse — van die alledaagse tot die heilige, van pyn tot lig, van verwondering tot weerloosheid.

Elke gedig is 'n venster ... na die digter se binneland, maar ook na die leser se eie landskap van ervarings. Hier is ruimte vir stilte, vir herinnering, vir protes, vir troos. En vir hoop.

Mag hierdie Groot Verseboek dien as 'n getuie van Afrikaanse digkuns se voortbestaan én groei – onbeskaamd, eerlik en veelstemmig.

'n Spesiale dank aan Marsofine Krynauw vir die saamstel van Die Nuwe Era Groot Verseboek 2025.

Heleen Malherbe
Malherbe Uitgewers

Bruno Andries

Gebore in Duffel (België) in 1960 en woon en werk sedert 1980 in Suid-Afrika. Hy het 'n agtergrond in klassieke tale (Latyn en Grieks). Hy is 'n Geakkrediteerde Professionele Vertaler en 'n beëdigde vertaler vir Frans, Nederlands, Duits en Afrikaans.

Dertien kinderverhale uit sy pen is op RSG voorgelees deur Christelle van Tonder en hy het 'n reeks van 13 insetsels oor die Europese wortels van Afrikaanse treffers nagevors vir RSG, wat deur Amanda Olivier uitgesaai is.

Verskeie van sy oorspronklike gedigte en vertaalde gedigte is gepubliseer in Afrikaans, Engels en Nederlands.
Bruno se vertaling van Antoine de Saint-Exupery se Le Petit Prince (Die Klein Prinsie) van Frans na Afrikaans is in 2022 uitgegee. Sy eerste novelle "Paddaboudjies en Kalasjnikofs" is onlangs gepubliseer.

Baguette en bloukaas

In die Franschhoek Vallei
naby Le Quartier Français
krap 'n kaalvoetklonkie rond in 'n asdrom
op soek na 'n stukkie oorskietpizza
of die oorblyfsels van 'n hoendervlerkie.

Vandag is hy gelukkig
en kry 'n baguette en bloukaas
tussen die alewig verlepte slaaiblare.
Hy voel deel van die hoity-toity,

hy eet immers elke dag à la carte.
Hoopvol slenter hy na die volgende drom
op soek na 'n slukkie Cabernet Sauvignon
om die wrang smaak
van die beskimmelde stokbrood en vrot kaas
weg te spoel
en om die hongerpyne
wat nooit wyk nie
te verdoof.

Vrye vers

'n vers is 'n vroulike dier
onder die ouderdom van dertig maande
wat nog nie gekalf het nie
hierdie vers is vry
dis ongerymd en ongebonde
dit marsjeer nes 'n dronk matroos
swaai na stuurboord
systap na bakboord
boord rym mos met boord
wat nou gemaak
dalk moes ek eerder
links en regs gesê het
die trein het reeds gesink
die skip het klaar ontspoor
daar is geen hoofletters
of leestekens terloops
daar is slegs
min of meer
vier of vyf vraagtekens
onuitgesproke
hierdie vers het vlerke van papier
maar kan weliswaar nie vlieg nie
of perdalks moontlik tog
iemand het reëls neergelê
oor hoe om 'n vrye vers te skrywe

maar sal hy of sy kan bewys
hierdie vers is nie vry nie
of het die vers 'n koei geword
uitgemelk en woordeloos

Vroeër was alles beter

Vroeër was alles beter:
die verlede
die hede
en die toekoms.

Kakofonie in G-mineur

Die getjier van 'n kruiwawiel
Die klingeling van 'n voorbok se klok
Die klang! klang! van 'n windpomp in die nag
Die ketakke, tikketak-tikketak van treinwiele op 'n spoor
Flaps-flaps stap sy met haar stewels deur die water
Girts! word 'n vuurhoutjie in die donker getrek
Ghoemps! spring die vis terug in die water
Die aandlied van die natuur

Die trieng van 'n deurklokkie
Die tieng-tieng van 'n kasregister
Die tieng-tong van die bure se seun wat klavier oefen
Kaplaks! loop sy in die ruit vas
Kirts-kirts krap die kat teen die nuwe rusbank
Ons hoor sy rolstoel gierts-gierts aankom
Elke keer as 'n vragmotor verby dreun
rittel die ruite in hul rame
ratel die breekgoed op die rak
Die donder is oordonderend
die bliksem flikker en flits
Die hael kletter op die sinkdak
Wie kan nou slaap met so 'n gedoef-doef

heelnag bo jou kop?

Bloutrein

Die bergie het 'n meestersgraad in tik
sy droomreis begin met 'n gloeilampie
bietjie poeier en 'n strooitjie
hy ry met 'n bottel bloutrein na enige bestemming
en word wakker met 'n babbelas
in die skadu van ou Tafelberg
die Parlement is aan die brand
en Nero sit op die dak van die Uniegebou
en speel viool. [1]Tank(w)a Karoo
hop en hanepoot
volstruis is skaap se buurman
berge blou en pers
lappieskombers van oker
dis waar die hemel begin

Eendag

Eendag
as alles verby is
en die ewige stilte
ons oorval
sal dit die einde wees
maar ook die begin
van die rus en vrede
wat alles oorwin.

Boesmangraffiti

Die Boesman lê op die kanapee

---

[1] Japannese tanka met vyf reëls en 31 lettergrepe: 5-7-5-7-7

in die kopdokter se spreekkamer.
Die diagnose is eenvoudig:
die individu ly aan
'n eksistensiële krisis
as gevolg van
'n ekstraordinêre kombinasie
van kulturele konflik
en kognitiewe dissonansie.
Die remedie is onfeilbaar:
hy moet sy identiteit prysgee.

Liefdesdaad

Papier
smetteloos
vlekkeloos
ongeskonde
maagdelik
emosie
twyfel
wroeging
passie
pyn
pen
swaard
maagdevlies deurpriem
woorde vloei
soos bloed
die pynlike geboorte
van 'n gedig
satisfaksie
klimaks
genot
om te dig
is 'n liefdesdaad.

Notule van vergadering

Die ad hoc komitee
het ad nauseam gedelibereer,
ad absurdum geredeneer
en die ordonnansie
ad interim geprolongeer
en na langdurige deliberasie
tot die nasie se konsternasie
geproklameer om die
skatkis leeg te plunder
en die magnumbottel
ad fundum leeg te suip.

Melkweg

As jy die son sien verdrink
in die oseaan
as jy 'n ster sien verskiet
en reik na die maan
as jy Halley se komeet
twee keer kan sien
het jy ewige rus en vrede verdien.

Ek wil

Wat geskend is, ont-skend
wat gebreek is, ont-breek
wat bedek is ont-dek
wat gesluit is ont-sluit
'n blom laat ont-luik
wat verlore is weer vind
wat los is weer bind
wat slaap laat ont-waak
die liefde nooit versaak
met letters, woorde, 'n sin
wil ek jou dag na dag bemin.

Vir jou

Ek stuur vir jou 'n stukkie ster
en 'n klippie van die maan
'n windpomp begin asemhaal
'n boepenswolk bring hoop
soggens skroei die son
en saans reën dit genade.

Sterre en planete

Tussen alle sterre en planete
meteore en komete
tussen alle sonne en mane
se ewige wentelbane
is jy my ware noord
wat ligjare ver voel
maar as ek aan jou dink
en as dit volmaan is
kan ek aan jou raak
in my drome
en bring jy orde
in die chaos
van die kosmos.

Die vlakte duskant Hebron

'n Onskuldige kind kyk TV en sê:
sjoe mamma, kyk hoe mooi lyk die vuurwerke.
Sleutelbordsoldate skree heen en weer:
Sioniste!
Van die ander kant weergalm dit:
terroriste!

Die Cohens vier Shavuot.
Die Abdullahs vier Eid al-Fitr.

Vinkel en koljander
baklei teen elkander.

Tussen die ruïnes van sinagoges en moskees
huil klein Ezra en sy maatjie Asif
omdat hulle nie buite mag gaan speel nie.

Vinkel en koljander,
die een is nes die ander.

Ridewaan Arries

Ridewaan is 'n inspirerende 39-jarige man, afkomstig van die Bolandse dorp Worcester. Sy jeug was gekenmerk deur die uitdagings van sosiale probleme soos bendes en armoede, wat 'n negatiewe impak op baie jongmense in sy gemeenskap gehad het. Te midde hiervan het skryf vir hom 'n belangrike uitlaatklep en 'n manier geword om sy innerlike wêreld uit te druk.

Deur harde werk en vasberadenheid het hy homself opgewerk tot Onderhoof van beroep by Malmesbury Hoërskool. Sy liefde vir sy werk en sy passie om 'n verskil in ander se lewens te maak, is duidelik. Hy beskik oor 'n B. Ed-graad in Onderwys en verskeie ander kwalifikasies in die veld van spesiale onderwys. Hoewel hy toegewyd is aan sy beroep, bly die pen en die krag van woorde 'n konstante deel van sy identiteit.

As 'n talentvolle skrywer en digter het hy sy eerste boek, *The Power of a Decision*, in 2022-2023 gepubliseer. Die boek reflekteer oor die impak van keuses op sy eie lewe as jong man. Hy het reeds verskeie kere opgetree op media platforms in die Wes-Kaap, insluitend radiostasies, tydskrifte en lewendige optredes. Sy deelname aan ATKV-Crescendo was 'n waardevolle ervaring wat sy talent verder ontwikkel het en 'n dieper liefde vir Afrikaanse skryfwerk aangewakker het.

Sy werk is ook in die *"Poets van die Kaap"* se eerste uitgawe projek opgeneem, wat gelei het tot twee skryftoekennings. Skryf het 'n reddende krag in sy lewe geword.

Noot vir noot

Saggies deur die donker, praat jy met my
hande vasgepen in my gesig terwyl die trane sy rigting soek
oor my wang, af by my arms neer teen die grond

met woorde terug
- waarvoor *worry* jy
- hoekom probeer jy nog
- pak op dis klaar
- jou storie het op 'n einde gekom.
is tyd om die musiek af te sit
weg te beweeg
sodat die stilte kan praat met wanhoop as die regter
en opgee as die straf

jou wêreld omgekeer, is net jou vonnis wat wag
die betaling te groot en wie anders gaan help

so sag, so hard, so emosioneel
elke noot bring geheue terug
wat is. wat was en wat sal wees ...

Die straks van verlange

Yskoud, leeg en geen waai van woorde
alles staan stil, is iemand tuis
is daar iemand?
sê iets – die emosies hardloop rond met my, soek na wat was
jou glimlag, jou stap, jou stem wat my laat sag slaap,
het gevou met 'n kombers van liefde op 'n warm matras

hoe mis ek dit, hoe wens ek my geheue was my realiteit
om alles om my reg te maak
die pyn te begrawe
geboorte te gee aan die tye van geluk

hoekom is jy so ver
maar die gedagte van jou so naby
diep begrawe in my hart sonder enige uitkoms
net trane van verlange.

Die stem van stilte

Onsigbaar, soos donker strale
'n melodie met 'n kitaar sonder snare
jy vat ons weg in denke
wat was, wat is en wat sal wees
jy spook by ons sonder wete
praat met ons sonder rede

soos 'n rotsstorting val jou woorde
geluk, blydskap shhhhhhhhh …
stilte onthou jy nog die traan
of die mooi glimlag van
jou eerste liefde reg voor
die skool se saal

jy praat met my geheue
skinder met my gewete
is jy regtig stil
of praat jy net wanneer
die emosie van lewe
sy snare trek.

Anne-Marie Bartie

Anne-Marie is is op 1 Desember 1961 gebore. Sy is 'n afgetrede regspraktisyn en woon tans in Gordons Baai. Sy verwerf ook verskeie ander nagraadse kwalifikasies in die regs- en kriminologie rigtings. Haar huistaal is Engels, en alhoewel sy ook in Engels skryf, verkies sy om in Afrikaans te skryf. Anne-Marie is twee keer deur die Genootskap van die Handhawing van Afrikaans (2023 en 2024) met die N.P. van Wyk Louw Prys bekroon. Sy het ook die African Honoree Authors Award ontvang vir haar roman, Boksemdice.

Sy is met Abraham Jordaan getroud en beskou dit as 'n ongelooflike voorreg om deel te wees van die Afrikaanse skryfgemeenskap. Anne-Marie beskryf haarself as iemand wat baie privaat lewe. Sy put groot genot uit haar vier dogters en twee kleinseuns.

Die gewig van trane

Ons trane is swaar, nat
hulle vermenigvuldig
tot die som van leegheid
ná die rimpels op die dam
gaan lê het
die kosbare krone
van helder jakobregoppe
dryf oor die wal, stroomaf
na waar die saad
wat jy van Eire gebring het
sal ontkiem en wortel skiet
onder die Afrikason

terwyl jy in wind ritsel
raak ons trane droog
hulle lê gewigloos en vry
tussen die lagplooie
en drome om ons oë.

Die statitis

In die wagkamer voor die ingang na jou brein
moes jy die uitkoms van hierdie liefde
reeds kon voorsien het
jy moes reeds som gemaak het
moes jy met jou gedagtes vergader het
beding het, redeneer het, medieer het
jy moes jouself as die redelike man
[2]*bonus pater familas*
in die Clapham omnibus geprent het
as die spreekwoordelike hipoteet
by instrument, 'n gewone man
(uitgedink deur MacKinnon in 1926)

jy moes
hetsy, by die gemanipuleerde variasie
van 'n gemasseerde feitestel
óf met toeganklike redelike
gesorg...dit verbind het
voor jy dic mes
in my hart in geforseer het.

Matriks

My sandsteen geraamte is 'n rangskikking
van sekondêre kalksteen uit jou dolomiet
porieus, bros, uit massarots geformateer
my organe deur hitte en druk gevorm

---

[2] *bonus pater familas (L) beteken goeie vader van die familie

in die geheel, 'n klots Richersveldklip
uiterlik het jy my versier met edelsteen,
kosbare blinde kristalle blink 'n reënboog
- sekuur geset onder jou vergrootglas
sodat alles wat ooit in afstand was
nou helder, nader, geëmbosseer is –

waar eens net 'n waardelose fossiel was
pryk robyne in reliëf met toermalyn
om my hals drup 'n pragsmarag
en onder my breë voorkop
weerskante van die skewe septum
'n gesonke grafiese aanpassing
van volgord taxiblou *³kanyaniet.

Purple Rain

Vir Liza

Binne-in jou bors
het 'n oervulkaan
se kors gebars
bloed en lawa
se skerp skerwe
het jou hart
soos 'n kruik gebreek
voor dit rustig
geword het om jou
en die laaste lewe stil
gedwee, soos asem
in die uitspansel in
oor jou droë lippe
geblaas het

op pad na die Poorte toe
het die punte van jou arms
oopgemaak terwyl jy glimlag

---

³ *kanyaniet: blou edelsteen

en swerms klein
gitswart blomsade
deur flou lug af laat sak
waar dit mildelik
beskut van elemente
binne-in
die aardse se sagte sooi
ontkiem het tot vandag

ek hoor vanoggend
hier in Duitswes
jou wit engelvlerke
fladder in die wind
en sien jou skraal lyf se lyne
tippiestoon op die wolkies dans
rondomtalie draai
met vrede
singend in jou pragtige
pers papawerland.

Tableau vivant

My meeu het skemersoggens
op die hoekpilaar kom korsies pik
en gisteraand se gulsige oorblykos
in sy lang dofgeel snawel ingesluk
maar nooit vertoef nie, net gevoed

dit was ongewoon vir meeu
om sy kwesbare blanko lyf
voorts, aan die elemente
uit te lewer, in ontwapening
verwese, sy vere te offer
op die altaar van stene
teëls, hout, bou-reste
(van vloer en venster)
sy oë toegepleister

dof, koud
'n ⁴*tableau vivant*
ek wou die meeu nie steur nie
hy was rustig, moontlik moeg

teen middag het die wit lyk
ferm opgevou, styf tussen my hart
en my stompgehuilde vingers gelê
in ⁵*historia*, vir flietsekond sy lot bedink:
taksidermie of portret?

voor ek hom onder die duine
in die vlak water gaan begrawe het.

Teragram

Ons roep U aan
U wat alles tot stand gebring het
ook dit wat reeds
in jong uitlope
aan kaal takke hang
dit waarvan blare nog moet wórd
U dra volle kennis van
watter harde steen, toekomstig
tot die soetste vlees moet pulp

in die holte onder U polse
lê elke broos embrio wat
versigtig in utero
dig en deeglik verseël is
in U papierdun geboortesak

ons fluisterkoester U naam
die teragram van ewige belofte
Yodh He Waw He

---

⁴ tableau vivant : (F) voorstelling van 'n tafereel deur lewende persone.
⁵ historia : (L) werklik

YHWH
die vokaal van Asem
ons hoor U, God.

Uurglas

Die lewe om my, van agter my glaswand
bly steeds 'n perifere perspektief,
in die verbygang, van menspolle
wat stokkerig om my blitsswart irisse
met kano's op pad is riete toe

soms is daar ook geel oopoog vygies
- 'n retinale loslating
wat grof, skulperig en seer
in skerp korrels verbrokkel
wat buite die wande beland
in duinsand naby melkbos –

tyd bestaan wel, dink ek
dit vloei ieder sekond via die dun nek
wat die twee simmetriese bobbels
in die wonder van gravitasie balanseer
voor dit uitskif uit na die bodem
waar, in opeenvolging
ons úít onsself lewe
tot waar tot die laaste fyn korrel
van ons bestaan verval.

Verlore rib

Ek kyk na die elegante pienk *cocktail*s
wat eenbeen enkeldiep in koel water staan
óm hulle, 'n rimpellose silwer songlans
in hierdie plek waar tot mure roes

hier het my hart om joune begin klop

my tong het jou naam in die tregter
binne my mond gevorm, afgerond
en wanneer ek weggaan sal jy hier bly
waar ook al ek reis
sal ek polsloos...dof
met net die dieptes van jou liefde
saamkniel en bid
dit sal my omarm en saam met my
op die mosbegroeide vloer
van 'n grafsuil skuil

dit wat ek langs die strandmeer laat
dít wat verder op my roete is
is lankal nie meer by name, ék, nie
dit is geborge in jou lyf as jou verlore rib.

Vermaning

Daar hang 'n bitter-son
aan my vensterbank
uitgedroog, drooggebak
'n offerande aan hierdie dag
wat my, soos gister s'n, uitlag

daar hang 'n maan
op die wasgoedlyn
kwart, 'n wiggie kaas
wat vir my vingerwys
in die skemer
bedink jou woorde
pasop vir die sambok

daar hang 'n ster
teen my vensterruit
flinker flonker kaler jonker
trek toe jou gordyne
voor die donker.

Drenkeling

Herstruktureer die hopelose pyn
gee dit vryheid, laat dit vlieg
na plekke buite jou lyf
laat dit kleef aan woorde
note, beelde, skilder daarmee
laat die lam seer verorber word
messel daarmee, bou nuwe geboue
met gekleurde gips en blokkieteëls
gryp die boei, drenkeling!
jou liggaam is nie 'n doodskis
waarin jou siel moet vergaan nie
dig 'n mooi vers en gee dit weg.

Irene Bowles

Irene is gebore te Steinkopf in Namakwaland. Haar skrywerspad word daagliks gebore uit eenvoud. Dit wat sy waarneem, klippie of blommetjie, is haar storie of haar gedig. God se stem is in alles en Hy lei haar om te skryf. Hoewel haar gedigte en stories in gesamentlike bundels verskyn, lê haar hart in diepe dankbaarheid tussen die lyne van haar debuutbundel, *Kaalvoetdrome se onthou*, haar hart se leegbloei. Dis haar persoonlike ervaringe en meelewing met God in naakte waarheid. Hierdie genade-bundel is haar geskenk van God, hoop en lig vir diegene wat dit nodig het.

Sal ons liefde nog bestaan?

Ons liefde is ...
die doudruppel se vroeë kus
teen 'n roos se bloesend wang
nes die skitterkrans se glans
in die sterrenag se dans
die blouste blou van die seediep
die sagtroos van sy dein se lied
en die koele bries van die bergpiek
in die vroeë oggend-uur

solank ...
die haan sy môrelied nog kraai
die horison die son se blik verraai
die duinsandliefde rooi kan lepellê
die nagtegaal se noot nimmer faal
die pou sy kleure boog met trots

en die winde stuitig waai
dat windpomp nuwe lewe draai
my lief
sal ons liefde bly bestaan

maar ...
die tyd jaag resies met die jare
ons hare versilwer
ons lywe aan't kwyn
en as die sluwe dood
garetol se einde draai
sal ons aardse liefde
nimmermeer bestaan.

Treurwilge in die kou'vuur

Treurwilge wreed gekruisig in jou siel
deur wrewel winterwraak se wreek
wurgend in jou donker gryswit stryd
stomstrak in die spieëlvlakbreek
die kou'vuur van die winterwreek

treurwilge droef in donkermaan
staan jy roerloos naak versteen
jou siel is leeg in pyn gelaat
kerm-kreun jou hart se kraak
die kou'vuur van die winterwraak

treurwilge sou jy dalk ook smag
na die strelend son se goue lag?
wat ysvlaktes kieliegroet
blink waters om jou voet
jou lyf weer varsgroen nuut getooi
en lower dounat skitterblink
jou arms sal weer wuiwend sein
as die kou'vuur winterwraak verkwyn

as sonlief warm bloesend
die aarde saggies minnekus
kwyn die laaste doodsnik
van die kou'vuur winterprik.

Vind jou weg na God

Roep uit na die berge waar Sy hulp verrys
en Sy onvergane wonder-almag bruis
vertrou Sy majesteit wat eeue lank oorkruis
en nes 'n arend sweef bo wêreldse gedruis

strek uit na die hoogtes waar Sy hand jou vashou
en veilig nes 'n ribbok lei in donker doodsgevaar
vertoef in die laagtes as storms jou verswelg
sal Hy jou voete anker die woede maan tot stil

gaan soek in die dieptes as vrees jou sin verblind
God, die troue kompas gids jou veilig weg
vra redding in die leegtes al weerklank kranse stom
Hy ken jou nood verseker en sal jou klae hoor

vrees nooit vir die donker wat skuil in onheilskadu's
op jou koers se afdwaal is Sy lig jou voet se waak
as gedagtes broei in laagtes
jou vrede roof met arendsklou
vind Hom in Sy stilte
waar Sy vrede sluimerrus

dors na Sy liefde
bron van krag en lewe
onmeetlik wyd vir jou.

Namakwaland, jy smeekroep!

Berge pleit in swart rou
kranse roep uit, "Water! Water!"
kaal vlaktes lê in wanhoop
koringlande kwyn in droogtedood
verleë sonder oes
eina-sukkulente veg verbete
suig hul eie bloed
dorstig bome beur nes ou vroue
magt'loos teen die warm wind se grief
klipbankkommetjies leeg verdamp

paddas en reptiele vlug vervaard
opsoek na koelte en na water
karkasse kromgetrek in dood se stank
soos houtskool swart versteen
jakkals kwylbek sonder buit
damme dor en bodems kraak
in stukkies nes 'n legkaart
hard soos klip, deurbak

Namakwaland, ons blommeland
jou saad lê dor in afwag
roepend na die water
jou laaste asem hygend
klou aan God se hoop
hande smeekroep lam na Bo
"net 'n bietjie reën, o Heer
sien tog raak ons nood
gee ons water en ook brood."

Kyk! Die water kom

Namakwaland jou boepensspeen
se voormelk plof, kaplaks!
sy aarde drink met bollewang

dorstig ná sy groot verlang
kyk! die water kom!

reën staccato op my dak
tik-tak tik-tak op sy trom
dan kletter! klak! alom
druppeltjies spring wildparmant'
rock 'n' roll astrant
blink kristalletjies allegro
stuitig teen my vensterruit

gruis en water dans die riel
met die grootpad dwaal na voetpad
poeletjies blinkoog op die grond
vreugde plofdans rond en bont
strome kronkel na riviere
rollend grom in volle swang
grom ritmies met die watergang

droë riviere slurp en skep
volop seën uit God se hand

Namakwaland, jou boepensspeen
se biesmelk is nou leeg gedors
om sag deurdringend reën te gee
die boer lag in sy hart tevree'
hy weet die water moet weer kom …

U is wat U is …

U's my lig as weemoed grynslag in my donker
waar wydbek sterretjies stralend spogflonker
vlymskerp krans of moerasvlei sal nimmer skei
Gods' liefde, verby eind'lose vlaktes vir my

U's my bruisende trooswater in droogtetyd
my soekende Herder in my verlorenheid
my granietrots as my treë struikelwankel

die hartsrede vir my blinkoog-sprankel
U katjiepiering geur as my lente blom
laaf my dieperdors as my somer kom
is die kosbare ou goud in my herfstyd
die gloeiende glinster in my winterstryd.

Hierjy-kind

Pondokkie-liefde se tyd versmaai
hoop in puin deur die wind verwaai
spykerwoorde van 'n dronklap-pa
gestenigde siel van 'n biddende ma

'n hierjy-kind se pad verlore
noodlot-onreg diep gestore
verskeurde lewe se donker gat
'n rondloperbrak op 'n voertsek-pad

sy asseblief-ogies se hoekomvraag
'n moeder se kniebuk om God behaag
honger skimp in sy leë bord
sy vader op 'n dwaalweg vort

'n moeder einahand na haar God
getrou aan Sy liefde, se groot gebod
Sy liefde wat haar kind sal dra
dis al wat 'n moederhart wil vra.

Ek is 'n ou plaashek

Ek ogiesdraad vredig
tussen skarnier en knip
ken jou warm handvatswaai
voetpad jou, deur kom en gaan
knarsvoet oor jou drumpelstap
as ek sjir-kir sjir-kir murmureer

my geroeste skarniere skree-koor
nes besete varke in die see
ek's die oop- en toeswaai
van gister se verlore tyd
geboortes en oudword
deurwinter ek
ek's die toevou van jou tuiskom
my troue wag, jou wegstap
saam op dieselfde pad
op en af
my deuntjie het verstil
my drumpel vasgeduin
my knippie sonder handvat
my voetpad sonder treë
ek is 'n ou plaashek
droewig op 'n leë erf ...

Sonsopkoms

Broeiend sag ...
glim jy deur die oosterkim
jou skilderkwas se streel
towerend in skone tafereel
van warm-rooi, oranje-geel

langsaam deur die mengelkleur
beur jou blinkgeel strale deur
en nes jou songloed strelend raak
so vlindersag oor Gods' gena'
sal die aarde nuut ontwaak

glinsterdou in fyn kristal
koest'rend op 'n bloedrooi roos
wat wydbek laggend sprank
en lewe rinkink vrolik-bly
vul die dag met pronk en klank
voëltjies twieter-twetter

pluk die ramkiesnare

as Kelkiewyn, jou sonstraalkind
luidkeels-bly sy liedjie sing
vir jou, o son, met jou warm lag
vir elke dag se sonsopkoms.

Hangend aan die kruis

Hangend aan die kruis
smaad spykerwraak doringhel
lyding strompelweg
verlaat sieledors hoop vreug
bloedloon angelbyt se eind

Maritha Broschk

Maritha is 'n entrepreneur en vryskutskrywer wat onder andere meer as 900 tekste vir die gewilde sepie 7de Laan geskryf het. Van haar gedigte is in versamelbundels opgeneem, waaronder *I wish I'd said Vol. 3 (2020)*, *Maskers en mure (2021)*, *Die lewe is 'n asem lank (2023)* en *Merang (2025)*.

Haar debuutbundel, *Wanneer woorde asemhaal*, was in 2024 op die Suid-Afrikaanse Akademie vir Wetenskap en Kuns se kortlys vir die Eugène Maraisprys.

Ad Infinitum
(vir Joe wat so lief was vir *paint-by-numbers*)

Dood onderbreek jou vakansie
gryp jou aan die hart, vergruis ons s'n
verswelg gulsig ons geloof
soos die braaivleis van 2 weke gelede se laaste stoepkuier
ons vloek jou, Dood
wring ons vingers in jou koue keel
soekend na 'n griesel asem om terug te blaas in hom
want hy was 'n beperkte uitgawe
'n kolk van stilte in 'n wêreld waar ander te veel
te dwaas, te onophoudelik krys
sy hart bowêrelds goed, sy aanslag bedaard
sy manier van kyk, ontdekker van mikroskopiese mooi
nog soveel reise ongereis
soveel skeppings onvoltooid
wat ons nou met *paint-by-numbers* wil vul:

68 swart vir nog 68 someraande op die stoep
34 blou vir 34 seevakansies
30 feestelike goud vir 30 verjaarsdae, nee 40, 45
dit sou nooit genoeg wees nie, smaal Dood en wys
met 'n onbetwiste vinger na 0. Nul vir Niks.
niks meer kuiers of reise of verjaarsdae of –
ek stap op die strand duskant die 1972-huis
met die rou baksteenstoep waarop ons eens 'n glasie geklink het
ek grawe met 'n groottoon 'n sywaartse 0 in die sand, heg dit aan nog een
Ad Infinitum
terwyl ek die naam prewel wat ek dink op sy lippe was: Bosman
dié som het geen geslote antwoord nie
ek herhaal die patroon, oor en oor, dwing nuwe groewe in die grysstof
oneindig in ons koppe
waar ons keer op keer ontmoet
beperkte uitgawe
van goedheid, van verwondering
wat ons aan die hart kom gryp het
dit was jy, is jy, Joe Coetzee.

Ballade vir 'n drenkeling

(27 Maart 2025 – Westdene)

Die dam stik steeds aan 'n traan
van 'n dag wat ewig bly vreet:
die jong joernalis het dadelik geweet
op wal lê almal reeds dood

twee-en-veertig siele swem na die Lig
al beurend na bowe gerig

koerante sou snel uitverkoop
met gesigte gekiek, ry op ry –
as getuies van 'n bus, groot gedoop;
die opgroeihalte, ontydig verpas

twee-en-veertig siele swem na die Lig

al pleitend na bowe gerig
dekades van 'n geheuenishel
met notas nog duidelik bedrup
die werksdrenkeling se lot was gefel:
die nuus het hom gebreek

twee-en-veertig siele swem na die Lig
steeds drywend na bowe gerig.

Ek sterf jou nie af nie

Ek sterf jou nie af nie
in onbewaakte stiltes
vliet jy met 'n basviool
argeloos grasvoetig
oor 'n Atlantis van versonke drome
in tertse lag jy
dans trillend opwaarts
tot jy stol

verminderde sewende
verminderde ek
swyg onvoltooid
ek hoor nie applous nie.

Familie-viering, 5 April 2025

(vir Oupa Koos Potgieter en sy nasate)

In 'n brief aan haar, enkele maande voor haar dood
ter herdenking van haar tagtigste lewensjaar
skryf hy aan haar hoe hy as klein seuntjie 'n slag té hoog geklim het
en daar, al klouend en bewend, in die boom bly sit het:
die harde werklikheid daaronder skielik soos oopgesperde kake
vol donker, ondeurdringbare geheime
en dit was sy, sy ousus, die enigste een wat hom kon oortuig om af te kom
snaaks genoeg, instinktief het hy geweet, sy sál hom vang

en vandag, híér, vier ons sy tagtigste
en die vyf-en-sewentigste van die mooi, sterk vrou
met die vier seisoene in haar oë
só vorm hulle dan van die hoekstene, die steunpilare
van dié familie
hierdie lowerbekroonde mengelmoes van denkers en dromers
analiste en skoonheidspuriste –
soos Bybelse manna versprei vanuit
Afrika tot Australië, Brittanje, Ierland en Kanada
onse voorvader was immers 'n Trekker
(soms 'n dwarstrekker, volgens die boeke
glo vasberade en hardkoppig
nou ja ...)
maar –
hierdie is meer as 'n stamboomgedig
hierdie is 'n gedig oor 'n groep mense wat soos bome is:
Hoë Bome wat hul merk maak as entrepreneurs
in die korporatiewe wêreld
op landerye
in die akademie
in operasie- en konsertsale, die *boardroom* en meer
ook veilige, bestendige Eikebome
wat in pandemie-tye, sonder vertoon, gee
wat in die klaskamer en op die klavier, aan ander, vlerke gee
wat aan historici argeologiese skatte gee

daar is Wilgerbome, wat stil trane huil –
onverwoordbare verlies wat soos boomgom aan hartskamers klou –
maar hul stingels is buigsaam, bykans onbreekbaar
en hul bied skuiling aan ander:
diegene wat lewensmoeg is;
'n rusplek vir 'n bejaarde ouer, skoonouer en vriendin
daar is Silwerbome
wat gewortel, verbete vasklou
wat krag put uit hul gesnoeidheid
en bly glo, altyd, aan die belofte van bloeisels

daar is Immergroen Bome wat in spreek- en kliniekkamers,
bly glimlag, bly sing
diegene waaruit groenigheid spruit
mooi, sterk vroue én manne
met die vier seisoene in hul oë ...
hoe skryf mens 'n gedig oor 'n digte woud van mense,
verstrengel in geen en bloed?
hoe omskryf mens die jaarringe van tradisie, trots en deurwinterdheid?

Ek probeer –
eerstens en die belangrikste: onbetwisbaar hul smaak in wederhelftes
wat sélf hul merk maak in die korporatiewe wêreld
in operasiesale, die *boardroom* en meer
(maar helaas nie op die klavier nie ...)

Ek onthou –
Oupa Koos, 'n grootse Geelhoutboom van amper 'n honderd jaar:
denker, dromer, analis, skoonheidspuris, onwrikbaar gelowig, ewige filosoof;
'n Hoë Boom, blywend immergroen –
"Amo, amas, amat is al wat ek van Latyn onthou, my kind,"
het hy altyd vertel

Liefde
sonder oordeel, met vergifnis, met begrip
snaaks genoeg, instinktief besef jy, dis tussen hierdie bome waar jy hoort
waar jy veilig is
want jy weet gewis
jy sal gevang word, keer op keer,
dit is, by uitstek, wat dié familie vir jou leer.

Haikoe vir 'n digter

Omvou brein se grou
verasem woord tot metrum
digby siel se oor.

'n Winterstriolet

Jou weggaan laat my takkerig en gestroop
sterwende blare beur (steeds) teen korse ryp verlies
hunkering is kompos: gevalle hoop
jou weggaan laat my takkerig en gestroop
verraad vriesbrand reperig waar elke gomtraan loop
koue krete ten kille hemele: 'n eind'lose winter het ek nie gekies!
jou weggaan laat my takkerig en gestroop
sterwende blare beur (steeds) teen korse ryp verlies.

Op die bus

vingers soos Chopin,
het die man wat langs my sit
slank – nes joune was.

In die apteek

die dawerende D
op die voorskrif vir bloeddruk
kordaat – nes joune was.

Op die radio

kragtig dog broos
die heserige stem
lig met skadusplinters – nes joune was.

Tot dan

(n.a.v. *Je vais t'aimer paroles* – Michel Sardou)

Ek sal jou liefhê tot hawehoere bloos
tot reeksmoordenaars ken van troos

tot nuwe piramides verrys
tot hadidas ophou krys

tot dan sal ek jou liefhê

ek sal jou liefhê tot sterre inplof na blinde gapings
'n vlamwit meteoriet die nag ontwapen;
tot heiliges jou lyf onthef van blaam
die Markies de Sade in 'n geskrif verklaar:
Ek, ja ek, is skaam –

tot dan sal ek jou liefhê

Jerigo sou solied bly staan
die Rooi See ongesteurd;
Jupiter sou 'n maan verloor
want Hawking was verkeerd

uit 'n opperhand sal hellevure spruit
die aarde in 'n ander rigting draai;
in slegs een waarheid sal algar glo:
'n wêreld skep uit mededoë

tot dan sal ek jou liefhê.

Uurglas van 'n gevalle koningin

Gegiet in koninklike korset
dans sy die gavotte op veertien
op goue vloer van Versailles
d i p l o m a s i e p i o n
diamant b-e-d-r-u-p
slaaf van verkwis
oordaadsglas
verguld
vol!
leeg!

g'n brood
eet dan koek
die hoer moet boet
m o n a r g i e p i o n
na /sel/ se /smetmatras/
luisbedruipte "Haar Hoogheid"
bestyg dodedansend skavot
vir vryheid gelykheid rol haar kop.

Wanneer woorde asemhaal II

Wanneer woorde deur skanse breek
die Babelse brein beset
en verbrokkel tot ritme, klank en betekenis
sal party keel-af vryval om tonglangs te ontsnap
maar die res – die wonderlike, waansinnige, desperate, dringende res –
word straks die hart se kommapunt;
die longe se aanhalingstekens
die are se stuwing
al kloppend saamgetros
aan die knyptang van drie vingerpunte
klouend aan 'n pen
waaruit letters begin vloei
soos bloed
op papier wat lewe kry:
in(k) en uit, in(k) en uit.

Stanley Cierenberg

Is gebore in Ficksburg, Oos Vrystaat. Op die ouderdom van 12 jaar het hulle verhuis na Jacobsdal waar hy in 'n Landbouskool was.

Omdat hy kunssinnig is, was dit moeilik in die Landbouskool en op die plaas. Daar het hy geleer van stilte, alleen wees, verbeelding en stories. As dit nie vir sy verbeelding en stories en digkuns was nie, sou hy dit nooit oorleef het nie.

Skryf is 'n konneksie tussen homself, sy verbeelding en dan sy liefde vir Afrikaans.

Die dood

So ewe skielik lê haar tong dom in haar mond.
Haar eens laggende lippe – nou stukkend en lam
die klank in haar keel slaap nou vir altyd
want haar praat was heeltemal te laat.

Voetpad tot hartpad

Die voetpad lyk mooi hierdie tyd van die jaar
hier en daar 'n verlepte blom en blaar
maar *all over* is dit mooi bont – soos 'n
strooimeisie-rok by 'n lawwe-lewendige bruilof.

Die grappige-bont-leeubekkies staan gesig
teen die oggendson en net duskant staan
'n klos Salie vir 'n siel wat eens was.

Die Wit Magrietjies lyk maar vaal-agtig –
dis nog die Augustuswind se stof wat op
die wit blare vasklou soos ou onthou,
maar moenie *worry*, die reën is op pad
om daai stof af te spoel tot anderkant
die blombedding tot in die waterstroom
waar die blink-groenkop-dam-eend skreeu
soos 'n 'ga'djie vannie kaap se taxi'

"Mobry-Kaap … Mobry Kaap … Mobry-Kaap"
Maar my voeteval op die voetpad deur die tuin
het stil geword, want vandag, so paar jaar gerug
het sy gaan slaap … vir altyd.
Rus in Vrede my geliefde.

Aandete

"kom ons vra die seën"

Die stroompie vloei oor die dorre aarde
onder die boom, verby die ganshok
links van die hoender-stellasies
die stroompie maak sy merk in
die dorre-droë Kalahari-Karoo

voete dans en trap links dan regs –
heen en weer
duskant en daaikant
weerlig maak 'n snygeluid
oor die vlakte en mense roep
van vreugde en waansin

die stroompie word dikker en voller

die ganse blaas en hoenders bondel
sommige buig vooroor en een kyk
op na die oop hemel, stukkies volke
deur die groen blare van die boom

ek val op my knieë en my hart bloei
aandete is 'n skaaptjoppie oppie kole
en die stukkie vleis word dik in my keel
want vanoggend het die skaap nog
half lewend, half dood onder die boom

gebloei en die bloedstroom oor
die Kalahari-Karoo gevloei.

Gesels by die Vismark

(Kalkbaai)

"Maak oop daar, hou hom vas."
"Krap die skubbe af, hou vas."
"Nee man, vlek die snoek oop."
"Hy is lekker groot, kyk net."

Die skuite het propvol ingekom
daar anderkant staan Smiley
trots op die snoek, gestut
teen 'n ou geroeste drom.

Met 'n blou skryfblok in sy hand
en 'n Bic pen, skud-skud, want
sy ink is droog en daar moet
prys gemaak word vir die vangs.

"Kom Smiley, help my met die krat."
"Ja, Tina, hou op my gat krap."
"Kom Smiley, die *customer* wag."
"Tina, laat hom wag, laat hom wag."

Die skuite wieg heen en weer
moeg van vroegdag se inspan
Jak, Goosen en September
sluk die soetpyp af, lekker man.
En daar krap en kerf die
vroue by die sementblokke
snoek, geelstert en harder
"Dankie Onse Vader,"

bid Meisie hardop terwyl
sy die snoek se kyte
uitsny, Dankie Vader vir
daaglikse brood, Dankie.

Die vismark maak sy geraas
van mense wat lag, gesels
en enjins wat raas
vrouens kerf en skraap

dat die skubbe spat
tot in die hawe se water
'n snoekkop trek deur
die lug en val kaplaks

in die water en sirkel
sirkel die water om en om
totdat Meneer Rob die snoekkop
parmantig hap en wegduik.

Dankie Vader vir Daaglikse brood
Dankie Vader vir Daaglikse brood
Dankie Vader.
Dankie vir gesels.

My geliefde

Die Hibiskus se stuifmeelkorrel-stokkie

wink behoorlik vir die oggendsonstrale
net soos die riete by die plaasdam
die Naaldekoker se ragfyn stert nader wink.

Ek het op 'n dag vir jou gewink, en nader geroep.
Jy is my hibiskus, my naaldekoker en my son.

Eenvoud

My paalwoning is maar eenvoudig
eenvoud sonder enige verskoning
die jakkalshond wat lui blaf
wanneer die ape mekaar jaa', so laf.

My plaaslyn bly bedags beset
want die son se besies klets
die son se blomme langs my paalwoning
kleur my swart-geel in.

My Paalwoning is maar eenvoudig
net soos die aap, net soos die son se besie
net soos die jakkalshond
maar eenvoud het vlerke gekry

net soos die sterre vlerke het
nou vlieg ons saam.

My tuin

Slap oor die rand
van die baksteen muur
hang jasmyn klossies
spierwit
net soos 'n brander se skuim

onder op die vloer

rus 'n vetplantjie
soos 'n seeskulpie
rond en blink.
dis my tuintjie
dis al.

Ek wou

...ek wou koor sing: ek wou gesels
ek wou in 'n bos-houthuis woon ...
ek wou
ek wou in 'n boomhuis wegkruip
ek het in 'n moerbeibos verdwaal
...ek wou in die lusern lê
maar toe spoel die see my uit ...
net so:

...

Leonita Coutts

Leonita is 'n boorling van Malmesbury in die Swartland. Sy is getroud met musikant, Ershkine Coutts, en hulle het twee pragtige seuns.

Leonita het eers ernstig begin dig en skryf gedurende grendeltyd in 2021 en sodoende het haar bundel, *The Other Side of Me*, die lig gesien.

Sy het in tussen 'n meer kreatiewe reis begin en is tans die redaktrise van die digitale kunstydskrif, *Kaleidoskoop Tydskrif*. Sy dig nog steeds, maar fokus deesdae meer op die skryf van artikels en blogs.

Hartstaal

Jy het frakteer ...
ek proe jou op my tong
en jy vibreer
in verskeie dialekte, in elke kleur
deur ouers, voorouers, kinders
deel en leer (genereer)
jou klanke daagliks ...
ja, ons proe jou op ons tong
want jy's meer as net die taalleer

Oos Wes Noord Suid
jou spore nie verlore –
op jou vele ritmes kan ons sing én dans
want ons hart se taal is

Afrikaans.

Seisoene

Die grou van winter se smart
wat my hart se seer omvat
het ontdooi …
en daar waar wit en swart ontmoet
mekaar liggies groet;
die kleure saamsmelt
(eklipties)
vir 'n oomblik …
dáár, daar het lig nou deurgebreek
'n stralekrans
van beloftes en hoop
want God se genade is groot
en soos lentebloeisels wat bloei
in 'n magdom van kleure
so sal ek ook blom
en sterker word totdat my beker weer oorloop

ja, die seisoene het uiteindelik verander
en ek draai my gesig na die son.

In infrarooi

Ek droom ek loop op die maan
en in my droom
wat oor vlaktes strek in monochroom
sien ek jou …
ja, net vir jou

die een wat my gebonde hou
en steeds laat glo in liefde
liefde en vergifnis, vrede en die mooi
die mooi in dinge wat soms
soms my emosies

uit sy wentelbaan gooi
en ek gryp-gryp na jou
want net jý
ja, jý in die grysheid van my droom
staan tussen sterre ...
nou gehul in infrarooi.

Onthou ...

Skemer staan voor my deur
en vra of ek onthou ...

die weeklaag van die wilgerboom
onder by die stroom
die klaaglied van die kerkklok
want ons het hom verloën

doof ... ongeoorloof
en liefde is blind
kan hart en siel verslind ...
wind in ons hare

tyd so vlietend
want ons lewe net vir nou
klou ... aan dít
dit waaraan ons kan vashou
en ja, ek onthou ...
die belydenis
die vergifnis
én (altyd) die onthou ...

Wanneer die wind fluister

Die wind fluister ...
saggies, half melancholies
laat dit my gordyne wapper

en ek sit knieë opgetrek op my bed
en ek wens ek was dapper genoeg
om al my uitdagings te trotseer
die wind fluister ...
dit spoel die dag se hitte weg
 en in die donker sug ek verlig
 omdat die skadu's nou my trane verberg
 en ek die dag se duiwels oop en bloot
 sonder 'n masker kan beveg

die wind fluister ...
en in die uur waar hoop nie bestaan
die dood soms mense kom haal
sit ek biddend tot die nuwe dag
se strale breek en ek weet ...
vanaand wag ek weer totdat die wind fluister.

Marietjie Espach

Marietjie is gebore in Windhoek Namibië en het opgegroei en haar skoolloopbaan voltooi aan die sekondêre skool PK de Villiërs te Keetmanshoop. Sy gradueer en doen HOD aan die Universiteit van Noordwes. Sy is getroud met Kobus Espach en het vier kinders en drie kleinkinders.

Sy het op 16-jarige ouderdom begin gedigte skryf. Sy kry vervulling uit die wete dat sy mense help om te heel, deur te verwoord wat hulle nie kan nie.

Hierdie talent loop in die familie! Haar pa, At Reyneke, het pragtige kortverhale geskryf en haar seun Jakes Espach skryf kortverhale en gedigte! Sy het al heelwat Pluimpie en Veertjie toekennings ontvang by die ATKV. Gedigte van haar verskyn in Publikasies van *Poetry of Africa* in 2008, 2009 en 2010. In 2016 is van haar gedigte gepubliseer in *Intermezzo*, *Tjoklit-woorde* en 'n Moedersdagbundel – *Umbilicus*.

In 2016 word die bundel, Swerfkind ten behoewe van Straatkinders uitgegee en haar gedig wat hierin verskyn word gebruik om die voorblad aan te vul. Van haar gedigte verskyn in *Spore van Genade*, 'n liefdadigheidsprojek geloods deur Alta van Zyl asook in *Stemme uit die Suiderland* 2022 en 2023

Dit was altyd haar droom dat Namibiese skrywers 'n gesamentlike bundel kan uitgee. Met behulp van Malherbe Uitgewers is hierdie droom verwesenlik. Daar het reeds twee bundels in die reeks *Stemme uit Namibië* die lig gesien. Spore in die geskiedenis van die Namibiese Literatuur! Uiteindelik het sy dan ook in 2020 haar eie bundel uitgegee – *Oomblik in tyd*. Alle dank gaan aan ons Hemelse Vader.

Duine

Diep in die voue
van brons duinesand
hang vreemd stil
'n poeierwit miskleed
vol geheimenis
van eeue se sifsand
sonverbrand
iewers êrens
onder
skuil daar lewe
in die sand.

Hier en nou

Jy stap saam met my
ek weet dit
aan die roering van die herfsblare
om ons voete
die speelsheid van die bougainvilleablomme
wat voor ons uitvlug
in die vaal valkie se opvlieg
voel ek jou
hier by my.

Lelies van die oseaan

Pienk flaminke trapdans langbeen
in die vleiland aan waterkant
pote delwers in troebel water
met vere wat liggies roer in die soel seewind
versmelt hulle
eenwordend met die aand se stralepienk.

Ons liefde

Ek mis die
dringende drang
van ons eerste liefde
die stuwing van jou asem
en bloed ... jou hartklop
die hitte van jou hande
en lyf ... jou oë
wat 'n diep intense
boodskap dra
waar is jy
waar is
ons.

Vaarwel

Vars roosblare wat op die water dryf
gestrooi in wilde weste wind
laaste getuie van lyf en as
hier waar jy gister nog was
jou oë oor die water kon tuur
nou dryf daar duisend kleure blare
op die deining van die see
word ons hartseer uitgespoeg
oor die wit strand gevee
mag ons Skepper vrede gee.

Pappa

Dis winter in my hart
maar jy, Pappa,
vlieg hoog

'n arend
reg na die son
na die ewige lig
'n engel as metgesel
sal jy my eendag
van hierdie
vreugdevlug vertel?
jou arendkuiken.

See

My wese asem die fyn sproei
die sang van die see
die wind op die branders
jammerlik dat hierdie lied
stil sal raak
wanneer God die nuwe hemel
en die nuwe aarde maak.

Silwerreën

Die stem van die reën
is vrolike silwer klokkies
wat klingel teen die ruite
druppels wat val hop en tuimel
soos die son daarop skitter
raserig in die geute lag en gly
tot in die tuin
waar groen plantjies
dit gulsig opslurp
en gedy.

Soeke

(Pappa)

Ek soek jou
wanneer die wind
die boodskap bring
van reën
my oë die vlaktes verken
na jou bekende figuur
skouers effe vooroor
kakiehemp en broek
groen laphoedjie op die kop
vellies aan
bruin oë wat soek
die wind wat optel
eerste druppels wat val
ek sien dit
gister word nou
jy verdwyn in die sluier
van reën in die geel gras
net my hart bly nog vertoef
waar jy nou net nog was.

Jy

Die polsslag in my are
dra my lewensritme
my opstaan soggens
my naggroet
onbewus
dat jy
my eie kosmos is.

Andries Fourie

Andries is gebore in Oos Londen. Hy was van kleins af lief vir skryf. Opstelle was sy ding en hy was nog altyd versot op die digkuns.

Daar is twee diersoorte wat deel is van sy lewe en vorming, perde en honde. Perde is sus en honde is so, beide wonderlik in sy wese in gegraveer. Geen gedig kan die perd se grasie en prag, of die hond se liefde en toewyding genoeg vereer nie.

Die digkuns trek hom soos 'n magneet. Hy wil dig oor alles om en in hom, met ritme en rym. Sou hierdie talent hom onderskei; wil hy dit aan sy Heer toewy en gedigte skryf met 'n kwinkslag, wat dalk die dissipels laat lag en hopelik miskien eendag in die hemelse biblioteek geag en gelees word. Hy hou nie regtig boek van prestasies nie, maar het redelik in 'n paar kompetisies gevaar. Hy was 'n paar keer afdelingswenner in die jaarlikse Ink en GHA digkompetisies. Hy was een maal aangewys as Algehele Wenner van die Ink kompetisie en een maal as Naaswenner van die GHA digkompetisie. Hy hoop om vanjaar sy eerste digbundel te publiseer.

As die windpomp draai

Daar staan 'n windpomp in die son
waar net die wind by hom kan kom
in sy uitkyk oor die skade
sien hy die akkergrond wat kraak
waar die gras se worteldrade

met laaste vasklouhande
'n sug van opgee slaak
daar lê 'n droë dam aan sy voete
sy slik gekors en braak
en soos 'n plooigesig se lyne
in die klougreep van die tyd
staan hy met verwagting
half-wakend in die maanlig
nes 'n ou gevalle draak

en hy onthou …

daar was water
daar was wind
wat eens toe als nog goed was
ver in die vergiet
die droogtegrond sou lawe
en genade sou ontbind

deur sy sluier se gekreun
tjank daar 'n jakkals voor die maan
hy hef 'n klaaglied op
oor die vogtelose aarde
wat die laaste stukkie uithou
vasknel in sy greep
en in 'n doodsheid laat vergaan

toe het die Piet-my-vrou geroep
uit die niet het hy gekom
en as reënprofeet verskyn
en deur die eggo van sy fluit
blits die weerlig silwerwit
verblindend in sy skrede
op die horison se lyn

en hy sien …

daar's weer water

daar's weer wind
ja die walle loop weer oor
die velde staan weer wuiwend
tintelend tevrede
laggend soos 'n kind.

Cool Hand Luke

(Ode aan my perd)

Die vuurklip klap vonkspat
op die Nooitgedacht pad
die saal op jou lyf
is salpeter bevlek
die skuim op jou bek
en die wind in ons hare
... dit Cool Hand Luke
was ons beste jare

ek onthou nog die dag
van jou opstaanslag
volmaak was jy
met jou kolle en ore
'n kleurvolle luiperd
Appaloosa gebore
koel soos Paul Newman in "Cool Hand Luke"
het jy ons aanskou
en nuuskierig gegroet

jou perdwees was diensbaar
jy was daar op bevel
jy't saggies gerunnik
as jy iets wou vertel
en die kinders en banges
die kortes en langes
kon sorgloos en vry
op jou lekker rug ry

altyd die minste
was jy Cool Hand Luke
sag soos die herfsbruin
was die kleur van jou oë
soos die streel van 'n spieël
waarna ons kon wyk
en diep in kon kyk
om weer te kan glo

jou stal is nou leeg
jy's weg Cool Hand Luke
die vretende vlam
van die kanker se drang
het jou lyf kom vervloek
... en Sonny-Bill roep
soos hy na jou soek
... maar jy's weg Cool Hand Luke

die vuurklip klap vonkspat
op die hemelgrondpad
die saal op jou lyf
is met silwer bestryk
die engel op jou rug
en die wind in die blare
dis jy Cool Hand Luke
... in jou kommervry jare.

Genadevrou

Net hier voor oot en milde moed
verganklik voor die blou sou boet
kom klein stukkies van genadegrou
hier aan sy hart se dieptes klou
waar koevoet klip uit skeure breek
en kluimwind kaal in vries gekleë
(loeiend en verstommend koud)
ysvingers oor sy blaaie vee

daar waar die tyd verseggend stol
en uur na uur tot niks afstuur
en strydend teen sy ruimtewand
sy kosbaarheid met mors verduur
by hierdie diep gevalle dal
waar die skerwe voor sy voete val
gryp elk sy hand aan hare vas
vir sy wegbreeksiel se laaste las

sy is sy reën
sy is sy dou
sy is sy guns-genadevrou.

Oom Piet se spook

Daar loop die storie van oom Piet die ou siener van De Aar
misterieus was sy lewe en sy liglose gedrag
maar dis die jare ná sy dood wat die dorpenaars beswaar
as sy rustelose wese die strate binnevaar

sy dood was 'n gedoente
dit het die dorp geskud
genadeloos die weerligstraal
op so 'n helder sonskyndag
sy wydgesperde potblou oë
het gewys hy't niks verwag

sy begrafnis was 'n ramp
op 'n ongekende skaal
'n pikswart wolk het dreigend
oor die begraafplaas neergedaal
die bestuurder van die lykswa het die hele tyd gebid
agter in die hus het oom Piet regop gesit

dit was die *rigor mortis* het die huisdokter gesê
en die krapmerke teen die deksel
was ou Piet se manier van lê

maar die geluide uit die kis toe die kluite op hom val
het geklink soos 'n geroep uit die grepe van die hel

nou wag oom Piet tot laat na twaalf
wanneer almal alreeds slaap
dan verlaat hy die begraafplaas
met sy wit en swart gewaad
en hoor jy sy honende gelag
agter die glimme van die nag

waar gaan oom Piet dan heen
wou dronk Faan een aand weet
nou ly hy aan 'n skudding
aan die voorkant van sy lyf
sy linkeroog hang halfmas
en sy regteroog staan styf

die nagwag by die stasie
het op sy pos gestaan en slaap
min het hy geweet
oom Piet was doenig daardie aand
nou ly hy aan 'n kwaal wat hom kielie as hy lê
en sy tong haak vas soos doringdraad sodra hy iets wil sê

die galante meester van die pos
wat sy streke nie wou los nie
het een aand heel onkuis by oom Piet verbygereis
nou bly sy broek nie vas nie en val dit heeltyd af
verdwyn soos 'n groot speld
en laat hom kaalbas huis toe draf
die storie van oom Piet word die wêreld deur vertel
die toere na De Aar is ver vooruit geboek
die nuwe burgemeester is dankbaar vir die geld
maar waarsku elke groen toeris teen die dorp se nuwe held
as hy self sleepvoet huis toe gaan
en dink aan daardie springhaasjag
in 'n ander man se veld ...

Uitspoegsel

Hy het haar sien opstaan
sy het opgestyg na bo
dit was nog beter as haar sit
aan die bopunt van haar lang bene
het hy grypend met sy hande
die stomheid van sy denke
uit haar doodskloof
teruggebid

sy het hom sien stotter
en haar bors teen hom gedruk
dit was strydig met sy bid
maar soos kussings vir sy siel
waarteen sy vlees nie slaap kon kry nie
maar eerder stomend in afwagting
soos vars koffie in die môre
op 'n swart stoof staan en prut

en toe het sy gepraat
haar woorde was soos reën
wat neerstort op sy droë vel
en sy gewete laat verspoel
stamelend moes hy in die storm
van haar mond spartel
en haar lippe
as 'n reddingsboei gebruik
en daaraan hang

totdat hy in tamheid
voor haar pragbeeld neer sou val
en daar
teen die speelsheid van haar voete
buigend soos 'n kneg
en biegend soos 'n kind
haar van die hunkers
in sy beendere

kon vertel

in die holte van haar halte
het hy homself in handetaal herhaal
sonder om te spartel of te swoeg ...
op haar spinwiel was hy klei
en kon hy vormloos gedy
al het sy hom na alles
in die hitte van sy hoop
soos met die proe van nuwe wyn
uit haar prewelmond gespoeg.

Drienie Joubert Kelly

In 2019 begin hierdie digter skryf as 'n stokperdjie, en binne die bestek van tyd gee sy haar eerste debuutbundel uit deur selfpublikasie, getiteld: *Deur die oë van ń Digter.* Dit was 'n reuse sukses, en tot op datum reik sy nog vier bundels deur Malherbe Uitgewers uit met die volgende titels:
Grondpad vol Beloftes
Waar die Bloekombome Dans
Tussen Doringdraad en Kosmos
Robyne in die Wyn

Die Bibberbeen-Brigade

Die nag is swart, geen ster wat hier verskiet;
die aandwind sing mismoedig, tog só mistroostig – sy treurige lied.
Ek wandel deur die nag, geen maan om van te praat;
maar vanaand is mos die aand, ek voel dapper en kordaat.

Stadig bekruip ek die slagveld van vergete geraamtes;
vanaand wil ek loop sién wat elkeen se naam is.
Die ding pla my al lank, want ek wil mos weet;
wat het élke karkas, in hiérdie dorre grond geheet.

Stil soos die graf, sweef ek nader en nader;
die uil in die boom "hoe-hoe" kwater en kwater.
Teen die kerkhof se mure, sien ek wit bene skarrel;
is dit my verbeelding, of dalk die briese wat warrel?

Meteens hoor ek hoe een, na die ander een roep;
"Haai ou Gertruida, kom kuier tog vannag hier op my stoep!"
Ou Gertruida vererg haar só, dat sy haar kakebeen laat val;
die ding plof in die stof, met 'n hewige knal.

Skielik klap ou Pieta die wind uit my seile;
en ek kyk in sy spelonke, vir 'n aks van 'n wyle.
My gebeentes klap nog erger, toe dit skielik begin reën;
ek staan soos 'n spook, soos 'n soutpilaar versteen.

Dit is Pieta wat eerste sy woorde terug kry;
"Kom saam met my meisie, jý kan maar bly.
Kom vat gou 'n knertsie, 'n slukkie papsak se soet;
noem my maar Pietie, of sommer net "Boet."

My bene voel soos stokke, in my oë is daar geen vuur;
vanaand word my ou naampie, een vir die dossier.
Ou Pieta rittel nader, lig sy hoedjie van sy skedel;
sal dié so wragtig dan, 'n sigaret by my wil bedel!

Net daar vat ek vlam, vanaand sal hy moet boet;
vanaand sal Pieta weet, sy hande is vol bloed!
"Luister jy ou Pieta, jou karkas-generaal …
al hoekom ek hier is, is om jou te laat betaal!"

Ou Pieta stik amper in sy kamma papsak se suur;
en hy staan 'n bietjie nader, om beter te kan gluur.
"Man ek kan nou nie sê, ek ken jou gewis …
maar die stem klink bekend, dit weet ek beslis."

Voor ek my kan kry, klap ek ou Piet dat sy oogkaste skuif;
"Ja Pieta van Poggenpoel, want ék was jou wyf!"
Ou Piet se gebeentes begin te klap en te bewe;
hy het verniet gedink hy gaan rus in sy volgende lewe.

Piet het gesorg dat die lem my deurboor;
daarna het hy homself loop hang in die stokoue stoor.

Ek hét hom gewaarsku dat ek hom aan die ander kant sal kry;
hier waar ons nou saam-saam, tot in ewigheid kan bly.
Die Bibberbeen-Brigade van Biesiesvlei-kontrei;
kom kyk maar op die steen, jy sal ons name hier kry.
Piet van Poggenpoel en hom se oorle wyf.
die een wat haar stories altyd, so effens oordryf.

Ek was Magrieta van Poggenpoel, gebore van As;
en in híérdie gedig klim die geraamtes, so een-een uit die kas ...

Jumble Sale

Loop koop vir jou 'n *ticket*, my Darling;
vir die sale van dinge uit my *secondhand*-hart.
Jy sal baie goete hier optel vir 'n appel en 'n ei;
vir 'n pond of 'n sjieling, selfs vir 'n tiekie of 'n kwart.

Kom, kom kyk wat bied my binnekamers jou;
van *love letters* tot vensterkoeverte vol stof.
'n *painting* waar ons nog onse wit tan'e kon wys;
nou al vergeel, en die *picture* so bietjie verdof.

Stap rustig op jouse tyd deur die gange van verlang;
dalk sal jy my *find*, in die *corner* van my siel.
Maar moenie vir my skrik nie, my *Baby*;
die jare hét maar 'n man se mooigeid verniel.

Iewers in die laaie lê ons liefde opgestapel;
opgeroes en plek-plek gebreek deur *wear-and-tear*.
Ek kan alles van die gisters se *timeline* onthou;
maar vir hierdie klong wasie *dice* se rol *heavy unfair*.

Hy het jou kom sleep oor verwaarlosing se vloer;
jou weggerokkel net toe ek my oge geknip het.
Die dorsvloer van onse liefde, het brak en kaal gelê;
jou hart het my hunkering in koelbloedige afkeer belet.
So loop koop vir jou daai *ticket*, my *Darling*;
vir die *sale* hier by die kraampies in my *secondhand*-hart.

Kom kry vir jou die *bargains*, die skerwe van my siel;
After all is jy mos die rede – die oorsaak van my smart.

Spore van tyd

Onthou jy die dae van vryheid en vrede
dae van jonkwees en tye van lag en geluk
as ons maar geweet het wat die toekoms inhou
sou ons al die ure van gister in herin'ring wou hou

genadeloos rol die seisoene soos branders
tuimel die tyd net soos golwe van blou
soms spoel ons weerloos in vergetelheid uit
waai die wind ons gedagtes van noord tot in suid

stap saam deur die spore van jeugtyd se groen
stap saam waar ons gister met môre versoen
die lewe tuimel voort soos die branders wat breek
en tyd sal hom ewig oor die mensdom kom wreek

my vriend hier lê ons spore gesaai in die wind
dit sal altyd hier êrens in herinnering wees
wanneer ons tyd hier op aarde tot 'n einde sou keer
sal ons spore bestand bly deur verval en verweer

al gaan die jare verby is daar nog môre's wat kom
dra hoop in jou saam – omhels elke nuwe dag
maak die beste van jou ure wat die Vader jou leen
om te lewe is die Heer se heel grootste seën.

Tweede Deur

Onder die dekmantel van liefde
speel jy hierdie spel
pionne op 'n skaakbord
'n mart'ling uit die hel
een skuif in die verkeerde rigting
en jou rug is teen die muur

maak seker van jou saak my vriend
maak jou skuif tog só sekuur
in die dobbelspel van liefde
lê geheime goed versteek
pasop maar vir valse woorde
dit kan jou hart in skerwe breek
deur die oë van jou opponent
sien jy die waarheid verskuil
moenie al jou strategieë
vir haar liefde gaan verruil

want die lewe is nie altyd eerlik nie
en die liefde is nie ewig opreg
speel die liefdespel versigtig
vind die goue middeweg
maak jou skuif sorgvuldig
hou 'n tweede deur na mý hart oop
want as jou liefde in dié spel nie wen nie
weet jy waarheen om te loop.

Windpompsjerrie

In die Langkloof staan 'n windpomp
sy arm al krom gebuig
soos hy waai na onweerswolke
om oor sy kop te buig

die droogte hang soms ledig
hier oor die Kaap se lyf
en die boere bid alewig
om die hitte te verdryf
as die geelperskereën toesak
by Oktobermaand se kant
dan dans die haasbekwiel
sy *two-step* daar teen die rant

en die Kaap is pure Hollands

tot in die Hexriviervallei
tap die stroopsoet windpompsjerrie
tot pure lekkerkry
kyk hoe huil die Kammanassie-
en Outeniquaberge saam
maar dis trane vol van vreugde
vreesloos en onbeskaamd

die ou windpomp deel hul vreugde
waar hy saggies in die winde sing
blink die vreugdestrane
wat genadedruppels bring.

Marsofine Krynauw

Marsofine is gebore 5 September 1961 te Koekenaap op die rand van die Namakwaland. Matrikuleer in 1979 aan Lutzville Hoërskool. Op 16-jarige ouderdom begin sy dig nadat sy haar Pappa skielik aan die dood afgestaan het. Op skool het sy reeds 'n groot liefde vir poësie gehad en haar grootste liefde was RAKA van NP van Wyk Louw. Haar inspirasie is haar liefde vir die natuur as 'n Namakwaland se blommekind en Namib woestynkind. Nadat sy in 2017 en 2018 deur ATKV vereer is met Donsie-toekennings vir haar gedigte sien haar eerste bundel Woorde wat Waai die lig. Haar tweede bundel getiteld *Spore* het in Maart 2022 uitgekom. Haar werk verskyn ook in verskeie gesamentlike bundels wat deur Malherbe Uitgewers uitgegee is oor die laaste vyf jaar.

Eersdaags word haar 35ste roman deur Malherbe Uitgewers uitgegee.

Die duine van die Namib

Die duine van die Namib
kom groei op jou soos [6]*mos
dis hier waar gemsbok, gekko en die mens
almal hul spore los

waar die volmaakte kurwes
van 'n rooiduin jou bekoor
jy die fluistering van die wind
teen die kant van 'n kabbelduin kan hoor

---

[6] *Erkenning aan Laurika Rauch

waar 'n enkel doringboom
knus teen die voet van 'n duin aanvly
alle rede verstom dat dit hier
in hierdie see van sand kan gedy

waar skeiding tussen lig en donker
net 'n duinrug is
teenoor donker is daar altyd lig
hier waar jy as jy mooi luister

kan hoor dat stilte ook kan praat
hier waar die niksheid grootsheid raak
ongekende gevoelens en emosie ontwaak
as die stilte die kamers van jou siel oopmaak

die duine van die Namib
kom groei op jou soos mos
wat onuitwisbare spore
in jou siel kom los

spore onuitwisbaar
deur son of wind of weer
spore in jou hart gelos
deur die volmaakte skeppings van ons Heer
deur die dans van die wind ...

Harte wat reën

As die lewe telkens om my gebeur
met al sy teleurstelling, verraad en seer
die storm in my binneste woed
oor onreg teen alles goed
dan kyk ek op
sien verbaas
rooi harte uit die hemel reën
as die lewe telkens om my gebeur
met al sy waansin, leuens en meer

dan word ek stil
kyk ek op
dan sien ek al die liefde
op my reën

as die lewe tekens om my gebeur
met gerugte van gruwels en boosheid soos donder dreun
die waarheid versmoor word deur die leuen
dan kyk ek op
staan verbaas
oor die hart gevul met bloed
wat alles skoon was
steeds bly reën

as die lewe tekens om my gebeur
kan ek net verwonder toekyk
hoe my Heer
met harte vol liefde
met Sy bloed gevul
alles nog steeds hier op aarde
daagliks skoon was ...

as die lewe dus daagliks om jou gebeur
rig jou oë na Bo
jou voete geanker in die lewende Boek
sien hoe ons Vader se liefde
oor jou reën
glo soos 'n kind
Jesus se offer staan vas
in harte vol lewegewende bloed.

Lojaliteit

Lojaliteit is 'n rariteit
in 'n wêreld wat skreeu
ek ek ek ...
wat maak dit saak

of hy leef of vrek

alles is net
ek ek ek ... soos 'n vlinder wat fladder
van blom tot blom
die soete nektar gulsig verorber
soos 'n straatvrou wat staan onder
elke lamppaal
elkeen laat glo hy is spesiaal
so hardloop die mense agter
se eie trots aan

nog 'n klop op die skouer
nog woorde wat vlei
soos 'n dwelmverslaafde
wat net nooit, nooit genoeg kry
maar tog is dit alles versinsels en snert
op die einde van die dag absoluut niks
net mooi niks
werd ...
jou huis is van glas
meneer en mevrou
al skyn die son ook so helder om jou
die lewe se storms slaan niemand oor
al hoor hul die ego's

ek ek ek
sal die klank van brekende glas dit uitdoof
jou alleen, verwond en stil agter laat ...
ek is altyd net een
maar lojaliteit is 'n twee rigting straat ...

Perfekte simfonie

Die lug se blou
is skielik net grou

druppels begin saggies
hul simfonie –
strelend die egalige note op die dak
die fluistering van die wonderwater
sus haar gemoed
bring 'n kalmte
in haar gedagtes wat stoei en woed

alles raak stil binne haar
waar die reën druppel vir druppel
met sy simfonie haar kommer en wonder
streel en vrede sag soos 'n dons-wit veer
in haar siel kom lê
onwillekeurig sluit sy haar oë
drink uit die kelk van die reënsimfonie

hoor hoe die ritme plotseling verander
in oorvloed crescendo
om vinnig weer af te neem
soos 'n veertjie sag haar siel te streel
dan bulder die donder in fortissimo
deur die hemelruim
sy sien Sy hande
seker en sterk op die klawers
van haar lewe

die perfekte melodie speel
vir haar spesiale lewensdans
dan in 'n sluimering van vrede
vul verwondering haar wese
vir hierdie bekende simfonie
deur haar Meester gekomponeer
wat haar betower keer op keer ...

Druppeldans

Ligvoet, ligvoet
fluistersag

die streling
van jou voete
op die dak
jou veerligte voetval
seker
gerig
deur 'n Meester
tog so vlinder, vlinder sag
streel dit
soos 'n strykstok
oor die snare
van my hart
verwek

'n dankbaarheidskantate
wat soos 'n ryp granaat
vlamrooi
warm
oor my lippe wil breek
die siel se vuur
met verrukking vul

oopbreek
in 'n minnesang
wat saam met die druppels
die aria
word van my dans
druppels dans

dans op die kantate
van my siel
dans vlindersag
streel verkwikkend
oor blaar en blom
voed die aarde

druppels dans
vul my wese
se elke deel

laat die woorde
oor my lippe bars
soos die rooi granaat
'n lofsang
bring
aan die Meester
van ons dans

jou druppeldans
my ouverture
'n opera vir ons Meester ...

Foto's teen my hart se mure

Oor die rante en die bulte
van my ou Namakwaland
stroom 'n vloed van kleure
uit ons Vader se hand

so ver soos die oog kan sien
staan ons Vader se seën gesaai, onverdien
die velde staan getooi
in kleure van geel, oranje en rooi
so onbeskryflik mooi
kalkoentjies en magrietjies
viooltjies, kannetjies en perdebos
wit en blou sporrie ook daarby
dit bly my hart

dit is die wêreld vir my
al is ek ook so ver van daar
dit is die plek waar my hart baljaar
tussen gousblom en vygie se prag
so fyn so broos, tog so volmaak

hoe anders kan jy as om my hart te raak
hier in my hart het jy jou spore gelos

kleurvolle foto's van jou blomme
teen my hart se mure gehang
my liefde sag in jou hande gevang
dit weg te bêre tot na die reën
en wanneer God elke blommetjie oopmaak
dit is wanneer my liefde weer ontwaak

en hier ver kyk na die foto's
op die mure van my hart
ek dit alles weer ervaar
asof ek self by jou is daar
die lied in my hart het net een naam
Namakwaland –
jou kleurvolle foto's hang
hier in my hart geraam ...

Iewers is dit somer

Ek sien die herfs boomblare val
hul oker, geel en rooi tapyt
ek voel die herfswindjie se asem – skraal
aan my vel byt-byt
die dae koeler stiller
aanstap op 'n ander pas
soos die herfs boomblare val
kom daar 'n vrede in my gemoed
want na die winter kom die lente
maar iewers is dit somer
vol lewe en uitbundige kleur ...
vir nou sal ek die sagte stille hartklop
van Herfs waardeer.

Paul Krynauw

Deurnag Land Toe
Trump se nonsens

Hoe maak ons klaar met hierdie nag
hierdie dag, verlies van vlees van ons
tepiese afdrang verlede, 'n genesing of geseënde

    totsiens-dag

vlugteloos staan ons staan-en-stort
in ag genome, trane vir die verlies van
werkendes in vae ligstrale soos stukkende wolke
tot waarheen 'n geliefdelose ontworteling
    'n nasionale afsluiting oorheers

in teenstand met geliefde geheue-wees van
    ons land:

die een met die smart
met die menslikheid
die *'dramaticus politica'*
en vlaktes met berge
donker onder pers wolke
met tande en drake
die een met groen droogtes
en verspoelings van hart

sneeu wit-laggendaries
op vlaktes met berge
met stories van spies
asook Namakwa-lag
van groot riviere
groot verwagtings
goud van kleur
en vele kamers
vir taalgebruik
skeidsregters met fluitjies
en wysvingers
middelvingers wat fokkol is
groot gesprekke oor fondse
klein seuns met groot drieë
wit hekpilare
swart skoffelaars

magtige dreunings van
kill the boer
watervalle
donkerwolke
storm-branders
groot beloftes …
regs-minagting
preekstoele
spreekbeurte
("order order")
springbokke
biltong
en
Augrabies se
Kakamas

En dan ook:

twee-dorpie lewens
pofadder en pofadder-
langs-die-rioolwerke

(die annex)
beurtkrag en sonder-krag
sinkdak en sink-huis
transport en bus-sport
(spore is stukkend)
Gucci en Pep-T-hemde
verdraagsaamheid en
menslikheid
diefstal en
gee en gee
jare
van lag en baklei
van oorlog en rugby
van boks en 'n doos wees
van braai en smiley's
van tjops en nyama
van afval en haute cuisine

en sommer net
van drama en politici

ons lekker-land

van smarte en lawaai, 'n hand
wat swaai
vir hierdie nag-lange

stilte

sonder jou wat verniet vertrek
met 'n magtelose groot verlief
staan ék, vlugloos,
met my eie ontwortelde

nasionale afsluiting

in die na-nag

in die luidende stilte van stiltes.

Menseregte
21 Maart 2025

Ons onthou nie veel van
daardie 21 Maart 1960 nie
die skuld verdonker
dit lê as dooie grond agter
die berg van wantroue

kakiebaadjies gelapte hempies
lê daar
steeds in vlugtige foto's
verlep, geskeur deur warm koper bloed
kaal enkels tussen broek en siellose skoene
'n lap aarde in lang geheue
wat net so dood is soos

een-en-negentig (...69...)

flenter-hopies, versprei
as enkelinge oor die dooie
stof en gras, rooi
soos die sonsondergang

Weeklange weeklank van
onwetende
kleinwees-kinders
in lewende familie-geselskap

nooit weer nie
asseblief,

in hierdie wêreld nie.

Vergewing

Op sigself

met die anker van skuld
wat nie wil loslaat nie
gebeurtenisse, besluite
rotsvas gegrond,
verkeerdelik gebonde

laat die rots versand

en die self verleë
op sigself
verlos, gelaat
om te bestaan,
met die mag van

vergewing
sodat selfs die anker verkrummel
en jou sug-self hart
lewe gee.

Cecila Laing

Gebore, 2 Desember 1969 in Johannesburg, as die oudste van 5 kinders. Hulle het dikwels verhuis en dit het haar nuuskierigheid geprikkel ...

Deur haar liefde vir lees het sy kennis gemaak met die werke van digters en skrywers en dit het nie lank geneem voor sy self gepoog het om haar wêreld, waarnemings en ervarings in woorde en ink vas te lê nie. Dig inspirasie is 'n tonika, 'n soort salf vir die siel, 'n Godgegewe gawe.

Metafoor vir Moses

Volg die spore deur 'n gekloofde see
jubel in vryheid, of skarrel in vrees
gister jaag jou soos 'n kryger te perd
in die dieptes het dié ruiter gesterf
duskant die verlede lê die duine van Sin
Hy gee jou manna, lewende water
'n rein hart, en liefde vir jou Maker
en die letter word die vrug van die Gees
om ander lief te hê soos jou eie vlees.

Romantica

Ek onthou ...
lowergroen seisoene en die velde in blom
ons harte het in reëlmaat geklop
ons spore in die bergstroom en die helder son

het die passies van liefde opgesom
ek onthou …
paadjies tussen wit beuke en silwer berke
somers verstrooi in rooi en kaneel
teen die grys lug sprei 'n trekvoël sy vlerke
die oostewind het gister gesteel

en ek weet …
seisoene verander in skakerings van kleur
die winter, vaalwit en silwergrys
'n epigraaf in gevlekte graniet – ek treur
oor die dag toe tyd ons harte skei.

Xenofobie

Versoening is 'n heuningblom
witjies draai daar om-en-om
vergelding, die godedrank
is soet, maar die droesem vrank

in kworum skree hulle vrede
grond en rus vir diegene
getrou aan gister se onthou
– soete wraak baar bitter rou –

verwoesting is 'n engel
(uit die hel, of die hemel)
in die donker van die nag
word 'n erfgenaam afgeslag
genadeloos vloei die bloed

– iewers hoor jy duiwe koer
Vrede … vrede … oral-om
groei 'n wit heuningblom.

Ter nagedagtenis

Sal hulle jou onthou
soos hulle Retief vergeet het
salf bring vir 'n pa se rou
'n ma kom vashou
as sy breek
oor die seun wat sy verloor het
sal hulle vertel
van daardie nag in Oktober
toe jy verbete geveg het
hoe die dag gebreek het
oor jou gebroke liggaam
hoe 'n pa sy seun gevind het
is dit alles vergete
'n berig in die nuus
ek sal altyd onthou
jy was een-en-twintig.

Jackie Mans

Jackie is nog een van die bevoorregte kinders in die destydse Suidwes, wat kaalvoet langs die Omaruru rivier kon grootword. Sorgeloos soos die oumense sou sê. Sy moes toe haar veilige hawe ruil vir 'n groter sy, op pad Windhoek toe, waar alles groter beter en vinniger was. Dit is ook hier waar sy haar pen op papier begin leegmaak het. Haar tydverdryf is skryf, droom en nog skryf. Haar man het vir haar die mooiste skryfplek onder een van die maroelabome op die plaas gemaak. Hier kan sy net haarself wees, terwyl sy net sy is.

Plaasvrou se gebed

Here ...!
Kyk tog hoe kom loop hy hier aan ...
sy kop so geboë, sy oë so in die sand ...

Here gee hom tog terug sy lag ...
die helder skyn in sy oë ...
ek sien die wolke beloftes –
ek ken my man se diep donker oë –

Here wees U, maar sag op hom –
Here U weet mos hy glo op die dreuning van 'n donderstorm –
Here ek is seker hy wil ook bid ...
dog, die droë aarde het sy woorde ingesluk ...
en so ook die dooie diere in die veld ...

as U kan Here –
vat die keep tussen sy oë weer weg –

bederf hom met 'n bietjie reën –
houvas sy kommer hand –
... en wanneer U die aarde weer natmaak Here ...
... hou hom stywer vas as ooit ...
... ek is seker hy glo ...
hy glo net bietjie banger Heer ...

Jy

Ek wil verdrink in die fonteine van jou hart
in jou are wil ek nes maak
ek wil voetslaan in die
sand spore van jou woorde
sal jy my sus gaan maak in die
asemskep oomblik van jou lekker lag?

Ruimte in haar skoot

Peppie Drotskie
(Carmen)

In die omdraai oomblik
van gestorte trane
oor ruwe rante
van wit kalk klip kante

lê die kinderonskuld van aanvaarding
terwyl die ellendige verwoesting hamer
deur die are van 'n weerlose kind wat eens vertrou het

kom bymekaar die onthou van jare se gewag
en gee dierlike rou seer gille geboorte
geboorte aan weglê emosies
jare gebêre in die onthou van 'n droë skoot

sluk 'n leë-skoot-vrou
aan sand gordyne van

vol geskepte hoop

'n brandpad van rou seer
wat speel agter gordyne
van los stof wolke
wolke van vol begeertes

die verlange na 'n vol moederskoot
wat telkens met leë geboortes worstel
sluit 'n vrou haar oë in aanskou
van 'n wêreld sonder sien en voel

is dit telkens die kinderlose vrou
wat sit met die stryd tussen geloof
en hoop

om 'n leë skoot te akkommodeer
om te aanvaar en aanvaar te word
en in haar die wete
die jare loop uit en my skoot bly leeg

…geen dag uitgesonder vir 'n vrou met hoop.

In die gange van jou siel

Ek dwaal deur die gange van 'n siel verdwaalde jy
vind ek in jou siel verdwaalde gange jou voetspore
in stof strepe gelaat …

vind ek in jou sielsgange dat jy sleepvoet
deur jou gange dwaal en soms struikel
vind ek ook dat die ligte in jou sielsgange nie aan geskakel is nie

soms vind ek jou hangend oor die rante van jou eie siel
wat oorhang op 'n dwarrel golf van verlore eensaamheid
ek sien jy hang koponderstebo …

ek sien golwe vou om jou geblokkeerde verslapte siel
ek vind los druppels liefde in 'n handpalm gevou
liefde wat soos 'n tros vars druiwe druppend hang ...
jy raak weg in jou eie sielsgange, jou deure staan toe
die sleutel na jou siel lê dig in die stofstrepe van verdwaalde
voetspore iewers in die losgemaal in die gange van jou verlore siel ...

Leemte van 'n stil dood

Verwarde -
verskeurende gemoed!

my barensnood,
sit stilte in my skoot.
ek voel skuldig (sug)
die mensdom kyk my net jammerlik aan ...
my verdriet ...!
waar het ek dan verkeerd gegaan?

my arms leeg ...
my liggaam, nog in 'n swanger sweef

ronde ...
volmelk borste ...
my liggaam, nog in swanger verwagtende gloed

jou stilte breek die histerie in my,
ek wag vir jou eerste skree!

die geskarrel om my raak net meer!
stil is jy gebore ...!

hoe verwerk ek hierdie seer?
hoe staan ek op om weer te probeer?

net die ek in ons gaan huis toe
met stilte wat kraamloos in my raas

ek vergeet ek het 'n man
sy stilte spreek sy seer

hoe meet ek die Pappa in my gebroke man?
my man sonder trane ...

stil betrag hy sy leë arms,
daar waar jy moes rus –

mý man, met die vrae in sy oë
mý man, wat sterk hier langs my staan

en
...nog ek...
...met swanger wag
...vir 'n skree of lag

arms leeg, net die wagtende ek
van ons in my verwarrende
... gemoed!

Die storm in my

Jy het weggeraak in die skoffel oomblik se wegslaan stof –
ek het jou by die punt van die son se opkoms gaan soek

my hart het wegraak slae ophou slaan ...
ek het sandpaaie om my hart geloop –

storm riviere in my gemoed trotseer
my modder besmeerde gemoed in twee geskeur ...
sal jy

net nog eenkeer terug kom
en ...

my net kom groet …

Nog 'n bottel wyn …

Net nog een glasie wyn
soveel bottels lê gesaai om my
net nog een mond vol

om die hartseer af te sluk
die wyndors wil my nie los

deur die newels van nog wyn
ek sluk en jy sit met die pyn

wyn vir my lag
wyn wat die seer laat verdwyn

wyn vir my gewillige lyf
wyn, vir sodat jy nog een nag kan bly

wyn vir vergeet
wyn vir die afgryse in jou kyk

wyn
ek vergeet –
ek het soveel pyn …

Bitter

Kan ek 'n stukkie van jou bitter weggee
ek kan dit aangee vir die maan
wat op sy tyd dit met die son kan deel

kan ek 'n stukkie van jou bitter weggee –
ek kan dit vir die see gaan gee, wat dit –
weer vir 'n brander kan aangee –

kan ek 'n stukkie van jou bitter weggee
ek kan dit vir 'n mannetjies mossie gee
sodat sy wyfie dit in haar bitter nes in die wind kan verniel
kan ek 'n stukkie van jou bitter weggee –
sodat ek vir jou 'n lag kan aangee –
'n lag wat al die bitter kan opvee –

...en tog wonder ek
...sal jy jou bitter kan weggee ...

Hulp geroep van 'n kind

My borskas brand, my keel trek toe
vrese van stormsterk winde woed in my
ons moet pak ek en jy ... my kleine sus
nee!!

moet tog nie so huil nie asseblief
ek sluk my trane vat my tas
staan regop ek vat vas
ek gryp na alles ek gryp mis ...
ek moet pak vir twee
ek pak niks ...

terwyl ek verwoed alles om my pak
dit is hierdie vrees,
dit laat my mis vat
mis vat, van dit alles
wat ek so vinnig moet pak
kyk om my rond

jy speel sowaar niksvermoedend om my rond
my gemoed slaan worstelend, klappertand met my
histerie baklei vir die oorhand in my
iewers sal ek krag moet kry
jou doek so nat jou boudjies bloedrooi
ek huil saggies agter my hand

ag Here! (sug)
ek is in opstand!
ek kry haar saam met nog 'n man, terwyl sy
dronk bedwelmend verslae na my staar
hoe los ek my verwese ma,
wie sal dan tog kyk na haar

Here ek is net veertien jaar oud, en ek is gedaan
ek kan nie hier weggaan
hoe maak 'n kind haar ma dan groot?
ek vra dan net, Here vergewe my
en slaan my ma asseblief vroegtydig net dood!

Doringdraad

Hierdie dag sien doringdraad daar uit ...!
My hakiesdraad gevoel staan stil –

Ek het kakiebos in my gemoed ...!
Turksvydorings dans op my tong –

Die haak en steek klou vas aan die bitter van my siel ...!
Kameeldoring maak die finale draai –

Ek sien deur die gange van 'n tolbos van lank gelede ...!
Dog ...
ek
kry
moed ...

Lois Massyn

Lois het in erns begin skryf in 2015 nadat sy ernstige gesondheidsprobleme ontwikkel het en vir drie jaar aan 'n bed vasgekluister was. Tydens hierdie vuuroond-seisoen van witwarm pyn 'n diepe depressie, het sy haar ervarings begin neerskryf, en het dit ook uiteindelik gestalte gevind in haar eerste boek, *(un)Broken*.

Sy het daarna die skoonheid van Afrikaans opnuut ontdek, en begin dig in haar moedertaal. Sy is tans besig om te werk aan haar eerste digbundel wat sy graag wil publiseer in hierdie jaar.

Nardussalf

As jy jou liefde oor my uitstort
en nardussalf my liggaam bedruip
dat my vel tintel onder jou aanraking
en goudblink pêrels my lyf verglans
en die soet-hout geur van muskus
hang dik in die gang
oorweldig my sinne
my mond oopgesper in ekstaties' verrukking
van jou diep-honger soene
as jy jou verlustig
in my gewillig-oorgegeefde lyf
en ek verdrink in jou liefde
wat my begroei soos
sagte groen mos.

Winterbrand

'n Weerligstraal
'n vonk wat spat
'n wegholvuur
in vaal savanna-land
na 'n lang somerdroogte
dor en sonverbrand
vind ek die eerste groen botsels
in die holtes van jou lyf
toe my liggaam ontwaak
na sy lang winterslaap
en 'n winterbrand
geboorte skenk
en die wonder van liefde
in my najaar
deur my spoel.

Ukulele-snaar

Sy hart staan tuit
van verlange na haar
onder blink sterre-skaar
flennie hy sag
die ukulele-snaar
die melodie
die ken haar naam
en roep na haar
onder die strepiesmaan
sy liefdeswoorde
getoonset in die sand
sweef liggies in die nag
as hy die snare pluk
in die voorglans
van die dag.

Genadewater

Die sand van die Namib
is warm en rooi
newelbeelde van misleiding
dans skitter-blink bewend
soos orakels van valse hoop
die klipspringer se klein koppie hang;
meerkatte staan met predikant-handjies
en tuur in die verte
dagsome van oergesteentes
verslyt en verweer
soos passaatwinde
hul dag en nag erodeer
duine kruip weg
en loop heen en weer
die Brandberg bloei blink
van pikswart graniet –
Sossusvlei se pan
het water niet
reuse olifant en klein dik-dik
kruip wiegend weg
in skraal skaduwees
wagtend vir die engel
om die sluise oop te draai;

die noordewind tel liggies op;
die Benguela-stroom staan stil
grys wolke rol in en om
soos spookasem om 'n spil
'n jakkals gaan staan
snuif hoogsnoet in die lug
die springbokkies maal
en begin vrolik pronk
as die Skepper Sy diere
met genadewater
belonk.

Op 'n besem na die maan

Die oggenddou het my wakker gemaak –
sout en nat in my oë
soos lood in my binneste
het verlange daar gelê –
'n hartseer sonder naam
soms is dit maar 'n pitstop
op sy reis na die maan;

maar ander dae
wil hy inboek
jou vergesel waar jy gaan
of jy eet of drink of
nadenkend rondstaan
hy klou aan jou vas –
die hartseer sonder naam
maar soms, net soms
dan sien ek sy gesig
en fluister hy sy naam
die naam wat ek liefhet
die naam wat ek ken;

dan wil ek wegvlieg
op sy besem
na die maan.

Ghnarrabos-droom

Koeniebos, taaibos, gharrabos-droom
jy wat my wêreld bottergeel omsoom
kom les jou dors uit my soet fontein
met korente-water vir jou hart se pyn
my krintang vannie Kaap

[7]*kom proe hoe soet 'n ghoutong smaak
so dig by Danskraal
net voor Wegloopskop
staan jy en pronk
met jou blink-gelakte blaar
my klein ghoenghoentjie
my suikersoet soentjie
ghnarrabosblare fyngemaal
bedek my naaktheid
beklee my kaal
jou ronde rooi vruggie –
my barakat-maal.

Vlug van die paardebloem

Vroeg in die voorjaar
is hy teer weggeblaas
onderkant die Outeniekwa
tot dig by die plaas
'n leeuwetand-saad
(wel-wollig behaard)
al swaaiend aan 'n parachuutjie
swewend, sonder haas
dra hy my wens
in sy veertjieblare mee
mag my saadjie veilig land
in die broeksak van jou hart
en die vlug van die paardebloem
ons liefde saamsmee.

Soete ambrosia

Begeerte lê naak in jou oë
sonder woorde uitgespel
ek val in jou arms

---

[7] *Jana Luther

afwagtend amoreus
en so
begin die liefdesspel

my aronskelk gaan oop
as jy krommend oor my boog
en ek myself verloor
in verrukende ekstase
as die nektar van die gode
uit jou nat mond my bedruip;

my liggaam begeur
met fragrante ambrosia
en my lendene bevrug
met jou
ryp
liefdessaad.

My hart blom wit

My hart blom wit
vir my blou-oog nooi
met oë vol sonskyn
in donkerblou saffier
haar lag is berghelder
haar mond rosig rooi;
gul is haar lippe –
dis heide-mooi!
ek wil jou soen
my liefdesblom
my roosmaryn
my kersieblaar
my hart blom wit
my heuningblom.

Skedelkus

Daar tussen die wrakke
van gesneuwelde skepe
en gebleikte walvis geraamtes
het ook ons liefde
'n stille dood gesterf.
In die land wat God
in sy woede gemaak het
het my gees my verlaat.
Daar lê my gebeentes
tot vandag
en sweef my as
op die digte mis
oor die strand van die
gevreesde
Skedelkus.

(Stuur die boodskap met 'n posduif
na my ma,
indien sy ooit na my sou vra.)

in die heftige branding
op die ongetemde strand
het ook my siel finaal gestrand
want 'n lewe sonder jou
was futiel sonder sin
genadeloos
lukraak.

Verspeelde kanse

Verspeelde kanse
nuut opgerigte skanse
groot die verwydering
tussen my en jou
versterkte mure

waar allenig' ure
my daagliks gevange hou
deure toe gegrendel
met ketting en slot
'n ondeurdringbaar skeiding
as pretensie begin verrot
dik hang die stilte
van gevegte sonder woorde
wat wegbons teen die mure
in dissonante akkoorde
gespeel op 'n klavier
[8]*lingua ignota*
in vyf lyne en vier spasies

geskryf op
geel
papier.

---

[8] *onbekende taal

Mossie Mostert

Mossie is 'n gebore Vrystater wie reeds jare op die platteland van Mpumalanga woon. Hy het groot liefde vir die hoëveld van ons mooi land. Hy het eers in sy vyftigs begin dig. Hy skryf hoofsaaklik oor die lief en die leed van 'n alledaagse lewe, dit wat hy voel en ervaar. Hy het geen formele opleiding in die digkuns nie en skryf in verstaanbare uit die hart uit Afrikaans.

Amalgamasie

Uiteindelik hou ek dit in eie hand
soekend kruis en dwars oor see en land
dis ounag buite hoor daar iemand roep
dis die blou blou verse van Koos Doep

en sy woorde vul hierdie leë vertrek
drup reëlmatig soos 'n kraan wat lek
vraend soekend na hom wat swerf
hierdie omgee hart van hom geërf

swerwend knaend soos een wat soek
opgespoor in 'n verseboek
uiteindelik hou ek dit in eie hand
woorde wat verdwyn in die uurglas se sand

want met woorde het hy hom verweer
perfek deur 'n meester geamalgameer.

Dissipels van satan

Dissipels van satan
wat dans in die stof
moord in die monde
in hulle rooi uitgetof

wraaksugtige dansers
maak dood maak dood
vernietig wat mooi was
want die hebsug is groot

hulle minag die dienaars
maak geregtigheid dood
die dissipels van satan
hulle wraaksug ontbloot

dissipels van satan
versmoor in die stof
bloed aan die hande
in rooi uitgetof

"sien die mamba, mamma se kindjie
sien die mamba, mamma se kindjie
draai sy nek om gooi hom in die sloot
trap op sy kop dan is hy dood".

Fasade

Ek verklaar onomwonde
my gesig is ongeskonde
maar my hart verrinneweer
soos nuwe gate op ou teer
my lag is 'n fasade
van wat ek wegsteek agter drade
vasketting in 'n kou
in die mallemeule van onthou

een twee drie en toe blok ek my self
waar ek in die nagte tussen ou grafte delf
ou portrette in die voorhuis teen 'n vuil wit muur
ek het jou toegevou in middernagblou van die spoke uur

Jy is

Jy is die storie wat ek wil vertel
jy is my hemel en jy is my hel
en ek is die een wie jou so aanbid
jy is my seer en jy's my geluk
as liefde dan vir altyd kan wees
dan is jy die storie wat ek graag wil lees
jy is my einde en jy's my begin
en ek weet dat ek moet maar ek sê dit te min

jy is die rym van elke gedig
jy is my donker en jy is my lig
jy is die vers en jy is die brug
jy is die plek waarheen ek wil vlug
jy is my son en jy is my maan
jy is my lag en jy is my traan
jy is my einde en jy's my begin
en ek weet dat ek moet maar ek sê dit te min

jy is die storie wat ek wil vertel
jy is my hemel en jy is my hel
jy is my son en jy is my maan
ek's lief vir jou tot my son onder gaan.

Vandag miskien

Vroeg elke oggend voor die mis kan lig
stap hy vooroor geboë beplooide ou gesig
so staan hy elke dag by die hek en wag
laggend sê hy my kinders kom vandag

hulle sê hy bly 'n jaar of twee reeds daar
hier waar die siekes en oues tot die dood vergaar
en hy sê sy kinders ry 'n groot blink BMW
daar is 'n fyn lyn tussen liefhê en vergeet

laggend sê hy my kinders kom vandag
hoop is mos maar net een dag op 'n slag
maar maande het gou 'n jaar of meer geword
steeds vooroor gebukkend sy geheue nou baie kort

nog 'n bietjie draai nog 'n bietjie wag
môre is mos nog 'n dag
nog 'n bietjie draai nog 'n bietjie wag
vervloek is die kind wie sy ouer verag

vroeg vanoggend het die dood hom ingewag
ek hoor die kinders was toe daar vandag
maar vir die oom was dit net 'n dag te laat
daar is soveel trane tussen liefhê en verlaat.

Wens vir jou

Ek wens vir jou 'n somerson
op 'n koue wintersaand
ek gooi vir jou 'n bottelbrief
in die wye oseaan

ek dig vir jou 'n liefdes vers
oor die son en oor die maan
en skryf vir jou 'n sprokie
waarin tyd vir ons stil staan

ek wens vir jou genoeg van als op 'n koue wintersnag
ek hoop jy sal onthou om so uit jou hart te lag
ek skryf 'n vers voor ek vergeet ek skryf dit sommer nou
ek skryf oor liefde en ek skryf oor seer ek skryf oor my en jou

ek wens vir jou 'n somerson op 'n wintersdag se kou
ek skryf oor 'n bietjie hoop en iets om aan vas te hou
ek skryf vir jou voor ek vergeet en terwyl ek nog onthou
ek skryf oor die son en oor die maan en ek skryf oor my en jou

ek wens vir jou 'n somerson
op 'n koue wintersaand
ek gooi vir jou 'n bottelbrief
in die wye oseaan
ek dig vir jou 'n liefdesvers
oor die son en oor die maan
ek skryf vir jou 'n sprokie
waarin tyd vir ons stil staan.

Marinda Niemand

Marinda is 'n vrou, met al die normale giere en geite. 'n Ma, met al die vreugdes en laataand ritte. Sy werk met die jeug bedags en is 'n digter met elke ander kans wat sy kry.

Met 'n BA graad in Gesondheids-wetenskap en Sosiale dienste en haar groot liefde vir filosofie, is haar gedigte meestal oor onderwerpe wat haar denke diep laat dwaal het. Om te skryf is genesing en bevryding. Dis 'n groot eer om dit met almal te deel.

Ek en jy

Om te leer en te leef
en te leef om te leer
seer wat versterk teen nog seer
en selfs om nog seer te keer

ons almal ken maar net
seisoene van oorvloed
en ander waarin ons
die storms verweer

elke nag se draai
en elke dag se lig
is geskep om ons koers
op die lewenspad te rig

niemand kan weet
waar ons weg heen gaan draai
of ons sakke gaan leegloop
en of ons oorvloed gaan laai
ek kon nou jy gewees het

net so gebroke
geknak en gekneus
my suster
en jy kon gevoel het
net soos ek nou voel.

Tyd Sonder 'n Naam

Neem my weg na 'n wêreld
gevul met wonders wulps en winkend
waar ons in die lig sal baljaar
en in duisternis steeds, ons weg sal vind

waar dromers nie net droom nie
maar leef in elke oomblik
in alle vrolikheid en kleure
flambojant, verywerend, verstrik in die hede

met tyd sonder perke
en sonder 'n naam
waar ons liefde gekroon is
en ons harte praat saam.

Die lelie en die stroom

Die lelie kan voel
wanneer die water gaan opdroog
die stroom loop al hoe meer talmend
sonder lewensryke lawing, sonder groei

en langs die pad
leer die stroom ook om te bedaar
sy vind vergifnis vir haar flaters
op die bodem van 'n koue diep poel

waar sy leer om net te wees en te wag
tot haar Skepper haar weer verkwik
en sy kan voel hoe die wil om te vloei
weer deur haar are bruis

sy weet dit sal nie gebeur
soos haar wil dit bestem nie
die lelie verstaan dit ook so
en hy wag ...

Myne

My droogte
elke dorstige gedaante
elke stofbelaaide skottel
en ou verlate ploeg
steeds myne
so is dit ook my vloede
elke emmer vol water
elke wal wat die druk nie kan vat
of dan hou nie
net myne

nimmereindigend myne
miskien soms vergete
dog steeds nooit verlore
my vreugde en voorspoed
my gebrek en my pyne
ongenaakbaar of vlesig
bemind of dan nietig
en die gewik en geweeg
oor hul doel en hul deug

daai grootse gawe, ook myne.

Waar Is Jy?

Waar is die son
as die silwer strand smeek
vir 'n gouestroop soengroet
waar is die dou
as die magiese dors blou knyp
en die droogte is ewig getrou

waar is die briesie
as ons rietjies wil dans in die wind
soos elke ander kraaiende, kaalvoet kind
en waar is jy nou
met daai immergroen oomblik
wat ons vir altyd gaan onthou.

Tekens Van Liefde

My polsslag, die teken
dat ek steeds kan bly glo
dat 'n ritme kan saamdans
basnote onder, 'n melodie van bo

sensasies glinsterend
oral om ons heen
verbloemde vermanings
roosgeurige steun

drome wat ontwaak
'n hand wat steeds roerend
aan my wilde hart kom raak
vlees verkwikkend, sielsbemind

'n skone teug wat wag
vir wanneer ek jou ooit sal sien

in die verte van eendag
of die toeval van miskien.

Mooiste Mooi

Mooiste blom, soete geur
elke teug, elke trekkie
dwarsdeur die voordeur
uit by die hekkie

met helderkleurige valle
wat die aarde verfraai
delikaat en so kleurvol
om elke hoek en elke draai

haar veersagte voetval
kan diep spore trap
met steun wat die weg wys
maar ook nooit vir 'n grap

'n ware kroon
omring met sagtheid
sy sprankel en groei
in die land van egtheid

teen haar bors is 'n rusplek
vir jou moeë vlees
en 'n heuningsoet lawing
ook vir jou gees.

Uit die donker

Koud,
net oneindig koud
verlate ou hert
sonder 'n krieseltjie hout

sonder vyand of vriend

verdwaal en verlore
'n land vergete en kwetsend
sonder baken, sonder spore

daar is my hoop verstrengel
waar die kronkelpaaie lank raak
vol raaisels oor klinkers wat klaar is
waar gedempte krete al wroegend versaak

net daar uit die donker
van my heel diepste seer
kom die mooiste begin
as ek net bietjie beur.

Wie sê dan nou so

'n Swak sluwe sweep
wat slaan na sononder
met geen kreukels in sig
onder die nuwe dag se lig

suiwer soos suiker verbloem
as die aarde se sout
jou woord laat my steier
en jou hart laat my koud

ek staan in my waarheid
sonder skaamte, sonder skuld
sonder soebat na jou insig
of 'n hunker na jou vals geduld

wie sê dan nou so
was dit die woord van 'n ander
of die woord van heel bo
een goue maatstaf, een goue veer
word dit gebruik vir my skuld
of meet jy ook dan jou eer.

Kyk net op

Moenie afkyk nie,
klein Minuetta
deur elke hunker en seer
staan net op, doen dit weer
kyk net op en wees bly
soos jou vingers gretig
oor die gladde klawers gly
getrou op jou maatslag
vurig deur jou pas
kordaat in jou spronge
in geloof staan jy vas
kyk opwaarts en voorwaarts
en jy sal soveel meer sien
as wat afwaarts en terugwaarts
ooit, in 'n blik sal verdien.

Susanne Pretorius

Susanne dig oor haar padreise deur die lewe. Sy put inspirasie uit die lewe en natuur rondom haar maar ook uit haar eie reise en persoonlike ervarings. Sedert November 2020 word verskeie van haar gedigte op Litnet se webwerf gepubliseer en by twee geleenthede (2021 en 2022) is van haar gedigte voorgelees by die Windhoek Woordfees. In 2021 selfpubliseer sy 'n digbundel getiteld *Middernagtuin*. Haar gedigte verskyn ook in *Die Nuwe Era Groot Verseboek 2023* en *Die Nuwe Era Groot Verseboek 2024*.

Kalahari rooi duine

Die rooi duine van die Kalahari
nestel in my kop;
ek sien 'n enkel gemsbok
afgeëts teen die fletsblou lug

die hitte skroei
want die Afrika son bloei
oor 'n uitgestrekte landskap
van rooisand en son

sonverbrand en natgesweet
staan ek stil om te luister;
'n lieflike stilte
wat sag in my oor fluister.

My Kahlo skildery

As ek vir myself 'n geskenk moet koop
sal dit kleurvol
en vol blomme wees
ek sal kaalvoet deur die idees loop
tot ek 'n geskenk kry
wat my siel genees

dan sal ek iewers 'n paar buise verf vind
en soos Kahlo
myself helder skilder
verf en verf met die oorgawe van 'n kind
baie blomme
en miskien ook 'n vlinder

in vetgedrukte graffiti sal ek wys
hiér
was ek gewees
met 'n inkbottel wat ek in die hande kry
uitbundig
my naam tatoeëer op my gees.

Op reis na vandag

Op reis na vandag
stop ek by 'n weggesteekte padkafee
teug genoegsaam aan 'n geurige koffie
deur 'n barista vir my gegee

ek sit by 'n houttafel langs 'n venster
staar in gedagtes verlore na buite
die karre wat so haastig verbyspoed
spat klein-klein klippies teen die ruite

ek wonder waarheen is die groot haas
die eindpunt so naarstigtelik nagejaag

rustig geniet ek koffie en koek
met room en aarbeie tussen elke laag
'n tikkie filosofie maak nes in my kop
peins ek hoe almal in hul eie skedonkie
op pad is na 'n punt agter die horison
in die verte hoor ek die bulk van 'n donkie

ek voel die warm strale van die oggendson
in die weerkaatsing van die vensterruit hang
my oë voel lomerig en my kop knik
miskien sal ek eers gou 'n dutjie vang

ek maak my oë oop en is stomverbaas
ek is nie meer in die padkafee nie, nee
ek en 'n ou grys donkie bekyk die wêreld
vanuit 'n ou Volksie bloedrooi in kleur

versigtig kyk ek om my rond, ons wankel
op die tippie van die horison se lyn
die ou donkie lyk heel onbekommerd
dat ons oor die horison kan verdwyn

"ons gaan val" piep ek in 'n stemmetjie klein
maar Donkie lag oopbek en skud sy kop
dan sê hy in 'n stem vol wysheid
"as ons hier afrol val Beetletjie net op sy dop"

ek wil nog stry, toe kantel en kantel ons
en rol holderstebolder van die horison af
ons tref die aarde met 'n slag
en Beetletjie lê onderstebo op sy dak

ons kyk vas in die bloue hemel
en Donkie hie-ha in groot genot
maar ek met bene bo en kop onder
lyk sekerlik heel verspot
ek skrik wakker en kyk effe verleë rond
almal lag en gesels of kyk op hul foon
drink koffie uit bekers met 'n donkie op

die tafeldoek het 'n rooi Volksie patroon.

Rond is die son, rond is die maan

Waar ek kaalvoet drentel op die maan
voel ek die trane rol klewerig, wrang
oor die kontoere van my wang
drup-drup op die sterre se glinsterbaan

die maan se boweaardse skyn
verlig kortstondig 'n spoor van traan
voor ongesiens dit gaan
in moeder aarde se boesem verdwyn

seisoene dryf rigtingloos in my kop
somer, lente, herfs en winter
rondgeskommel immer
as herinneringe verbyspoed op galop

versugtend na die onskuld van 'n aand
die heelal nog sprankelend in helder oë
Orion begin dowwer skyn as vroeër
droef Alnitak, Alnilam en Mintakal saam?

rond is die son, rond is die maan
ronde reënboogsirkels in die lug
sag val 'n onbewaakte sug
terwyl die lewe onverpoos voortgaan.

Treurwilger

Op die oewer van die rivier
het 'n treurwilger verskyn
wat haar takke sag
in die rivierloop laat verdwyn
duisenderlei origami kraanvoëls
is in haar wortels verstrengel
deurweek en te pap

om uit die rivier te hengel
in die ruising van die wind
klink die treurlied van 'n meisie
melankolies en verlore
op die rug van 'n vergete wysie
die rivier kronkel vreedsaam
in die rigting van die oseaan
tussen papier lanterns en berou
dryf die oorblyfsels 'n traan.

Skuiling

Plek-plek splinter verf van die mure
maar ek, deurmekaar gewaai in die gure
onaangename weer daarbuite
sien slegs die lig wat skyn in die ruite
desperaat soek ek na 'n skuiling
teen die wind se onheilige suising

die houtdeure staan wawyd oop
nooi die verbyganger om in te loop
die mat is oud en deurgetrap
die gordyne uitgewaste blou lap
die preekstoel van hout blinkgevryf
'n vredesduif wat op fluweel pryk.

September

'n Nuwe somer blom in *clivias*
helder oranje spatsels in die tuin
'n lug wat subtiel ruik na reën
laat winter verkrummel in puin

ek laat die winterkleed van my afgly
probeer nie per ongeluk daarop trap
terwyl ek soek na die helderste kleur

waar ek soggens in my kas rondkrap

ek proe al die soet perskes op my tong
die taai sap wat teen my ken afloop
dink aan flesse vol ingelegde vrugte
potte vol opgekook in suikerstroop

soel jasmyngegeurde someraande
wat flenters van nostalgie oproep
bring 'n sug van genoeglikheid
splintervry in die daeraad se groet.

Oujaar/Nuwejaar

Gelykmatige ruil
van oud na nuut
die beker bly vuil
die oomblik vliet

skerwe van die ou jaar
lê versplinter in die tuin
soos 'n verlore herfsblaar
vergeel en plek-plek bruin
voorspoed in die komende jaar
borrel in glase van vonkelwyn
terwyl almal in die verte staar
waar vuurwerke in niet verdwyn
gelykmatige ruil
van oud na nuut
die beker bly vuil
die oomblik vliet

sal ou vriende ons vergeet;
met liedjies van vroeër in jou kop
hou jy, stewig in hand jou leed
in afwagting die horlosie dop
goeie dinge word jou toegewens

vrede en vreugde in die jaar
woorde van geluk en 'n vol spens
uit 'n fortuinkoekie gebaar
gelykmatige ruil
van oud na nuut
die beker bly vuil
die oomblik vliet.

Die hele boksemdais

Toe foeter die hele boksemdais
uit die bokse netjies langs mekaar gepak
om te pas, soos vinkel en koljander
maar een is toe glad nie soos die ander
lyne trek skeef en die horison verdwyn
in die oorlewering van 'n outydse refrein
by 'n kruising in die hoofstraat
staan 'n boemelaar; sy mantra in groot
kinderlike blokletters op karton geskryf
om kort-kort vir motoriste te wys

wat stip deur hul vensters staar
onwillig om die man te gewaar
die "*hawkers*" smous hulle ware
in stalletjies langs die pad opgerig
"hier *madam*, een rand vir 'n ui"
kry jy vir vyftig sent as jy dit afstry

en hy glimlag van oor tot oor
tot jy hom in 'n stofwolk verloor
die dubbelbaanpad word enkel
die omgewing skakel oor na platteland
op 'n grondpad tussen êrens
en die onmeetbare gevoel van nêrens

begin jou foon om sein te verloor
hoe gaan jy nou jou bestemming opspoor?

onder 'n groot boom, lank in jare
trek jy van die stowwerige pad af
die geluid van stilte druis in jou ore
en jy sak weg, raak in gedagtes verlore
eens het jy die roep van die loerie besing
kon 'n sonsak diep in jou siel binnedring
die sonneblom wat altyd na die son kyk
het 'n betowering in jou opgewek
jy het jou verlustig in die donker pers
van irisse onder 'n reënkombers

maar die seisoene het hulle tol gevat
en jou siel laat roes in die baie nat
die son begin tussen die bome verdwyn
en daar in die oorweldigende stilte
vind jy die mosaïek van jou bestaan

beeld by beeld asof vasgevang in 'n raam
blaai jy deur die foto-album van jou geheue
rustig sonder dat iemand jou steur
op die enkel donker grondpad alleen
onder die geritsel van krieke se aandsang
verskyn langs die oorblyfsels van jou spoor
'n onverwagse kronkelpad voor jou oë
jy moet veel nader om die destinasie te sien
op die ou stomp wat as rigtingwyser dien

"Fees van die skynheiliges" deur 'n pyltjie
na regs aangedui, met twee pyltjies na
"Kring van die spottendes" onder geskryf
jy ril as jy wonder waarna dit verwys
na links is 'n pyltjie "Verlore en gevind"
dubbel pyltjies onder "Lag soos 'n kind"

die kronkelpad moet jy te voet betree
dis smal, ongelyk en 'n bietjie donker
huiwerig maar tog nuuskierig draai jy
links in die pad langs 'n groot bos verby

oral op die grond is feesliggies gestrooi
asof hul jou voeteval in hul rigting nooi.

Tot wedersiens

Wanneer het ons vreemdelinge geword
soos buiteruimtelike wesens verdwaal
in 'n onbekende sonnestelsel, soekend
na die begin van 'n oorbekende verhaal

hooggety het oudergewoonte gekom
al die rommel op die strand uitgespoel
skulpe gebreek en seewier verdraai
slagoffers van sy onstuimige gewoel

dan sê ons nou maar tot wedersiens
en gaan op ons vooropgelegde reis
die afskeid het subtiel en ongesiens
verskillende deure vir ons gewys

dit was lekker toe ons saam sou loop
vir 'n kort entjie op dieselfde pad
maar nou het die vernis afgestroop
en die lewe ieder in sy eie rigting gevat.

Johan W Riekert

Johan se voetspore begin in Kuruman, daarna bekwaam hy hom as polisieman en vorder tot die rang Kolonel. Daarna bekwaam hy hom as prokureur.

Hy skryf van vroeë ouderdom gedigte, maar nooit gepubliseer nie.
Sedertdien is van sy gedigte opgeneem in *Die Nuwe Era Groot Verseboek 2023* en *Die Nuwe Era Groot Verseboek 2024*. Hy skryf gedigte vir die gewone mens.

Dankgebed
Habakuk 3:17

Al sou dit met my sleg gaan
en die toekoms bleek is
al sou ek geen inkomste hê
en die soeke na werk vergeefs is

al sou ek nie meer 'n pennie besit
en die koskas leeg is
al sou my vriende my ontken
en my geloof in die mens vaag is

sal ek jubel in my Heer
en in my loop-en-val
is Hy die krag waarmee ek weer en weer opstaan.

Klein duifie

'n Bonsende bondeltjie in donsies gehul
'n bondeltjie blydskap met 'n magie om te vul
'n honger bekkie wat altyd smag
die geluk van 'n moeder 'n bekkie wat wag.

Eerste ryp

Yswit
lê die veld en bid
sonop gaan dit sterf
want 'n wintersoen
het die somergroen
verraai.

Potjiekos

Die potjie
is deesdae 'n godjie
Sondae is die kerke leeg
want almal kniel om die potjie.

Sy

Sy omvou my
sy koester my
in 'n sykokon
van sy geluk.

Digkuns

Vir baie jare
het ek hard probeer
om meer van dié kuns te leer
deur en deur het ek dit bestudeer

min kon ek verstaan
waaroor dit gaan

Opperman vir my 'n koma
Uys te koud te wys
Rabie te hooggeleerd
Breyten se bitter sluwe eende
is vir my 'n ?

hoewel ek nog min verstaan
het ek probeer die kuns agteromgaan
dalk raaisels met wyshede vir ledige ure.

Koloniale standbeeld langs die see

Waar stormjaers met maanhare
wapperend in die wind
linie vir linie bulderend
hulle teen dolosskanse
te pletter ja

staar ek strak
na die verswelgende mag
en voel ek hoe sout skuim en mis
deur die wind voortgeja
my gesig laat roes

ek een van Afrika se vergetelinge.

Buurman

My buurman
hou van kaf wan
hy is g'n suurknol
maar wel 'n losbol

hy wil net vry
elke meisie wat hy kry
hy skerts en lag
gereeld soos elke dag

die woord verskriklik
klink vir hom verruklik
sy arm gebaar
lyk só waar

stry is sy kos
daarvoor sal hy alles los
vertel hom van sy motor vinnig
en hy is jou vriend innig.

Mauserloop

My politieke en godsdienstige mistastings
brand laag in die herinneringe, van my verlede
maar die uitdagings van môre
brand soos 'n warm mauserloop
in die handpalm van my verwagting.

Lichtenburg museum brand

25/10/2023

Generaal De La Rey
wat het van jou geskrifte oorgebly
jou verlede amper uitgewis

deur 'n brand, nie geblus.
Generaal De La Rey
het jy ooit kon dink
dat jou land se massas
van jou stryd niks sou dink.

Drome

Drome droom ek van jou
as seer my hart omvou
ek sien jou in sy oë loer
wat is jy, non of hoer

drome droom ek van jou
waar is ons liefde nou
dalk weg gevlieg
deur flirtasie en lieg

drome droom ek van jou
dat liefde ons kan hou
ek weet dalk, onbewus
ek het my met jou misgis

as ek jou soms seer aandoen
is dit seer wat in my nie kan versoen.

My wil

Heer vorm my wil
dat ek nooit van U verskil
dat ek kan wees
een met U in gees

dat ek sal bly
in U gewy
dat ek sal leef

om na U te streef
dat ek sal wandel
en nooit sal wankel
en kan bly
in u gewy

te kan bou
'n geloof wat tot die dood toe hou.

Gerard Scholtz

Gerard is 'n bekroonde skrywer. Hy pendel tussen Rooiels en Sutherland - waar hy hom besig hou met die restourasie van die Louw-huis Museum, Sutherland. Hy bring ook elke jaar drie maande in Europa deur. Benewens 'n besige lewe skryf hy elke dag 'n haikoe. Verder dien hy op die senior redaksie van *DEKAT* en skryf blogs oor sy reise en ervarings met foto's wat wêreldwyd gelees word. Sy reisboek *Hier gaat ons*, is juis by die US Woordfees as beste verkoper aangewys. Hy dig wanneer hy die opwelling nie kan keer nie.

Diep in jou hart is jy 'n Katalaan

Ek sien jou met
Spaanse kuif en stap
asof die winterse ramblas aan jou behoort
en die Spaanse tongval in jou draai
die kieselsteenpatrone word slagare
wat verlei en lei na die *quirkyness* van dié stad
met *Frank Gehry* se vis
- en 'n nuwe humor in jou ooplag

jy sal opkyk en ook vir Gaudi sien
(verby die roesemoes
verby die grys winterlug
strate wat soos riviere vloei
klokke wat harte ooplui

onderdeur die vere van duiwe wat liggies dwaal
soos sneeu
verby bedelaars op banke
eensame vioolspelers
en helder teëls)
en wag op 'n wederkoms
en 'n nuwe liturgie

Barcelonabeloftes:
uit die gargoyles van die heilige katedraal
sal nuwe waterwoorde en wyshede spuit
uit die straling deur die ruite
sal vlekke op jou voorkop, voete, hande val
- stigmatawonde
en vergifnis ontvang
op die marmervloere
sal ander lig na jou terugkaats
waarin jy die oneindigheid kan peil
deur die gerookte glas
sal nuwe en ver horisonne wag

uit jou oë sal fonteine opspring
en jou wete en rede skoon was
op 'n koue dag sal jy jou tas pak en vertrek
jou asem en oë sal bly rondhang
in barokbuurtes
wintertuine
winterpleine
jou spore sal in park güel agterbly
in die glim van nat strate
en in die skadu's van lemoengeure

op 'n warm dag eendag
sal die Freddy Murcery-lied in jou begin opwel:
Bar-ce-lo-na!
en sal jy vergete roetes
weer onthou
en jou Katalaanse bloed

laat stol.
Geminides

Hierdie week het 'n sterrereën
oor die *highkaroo* geval
met kosmiese strepe deur die gewelf
vir óns is dit voorspel –
deur sterkenners
wat teleskoopbeelde ontleed
en die nag kon bepaal

soos wyse manne
het ons dit geglo en toe gesien
plat op ons rûe gelê en die aarde gery
vol sinisme oor wat dit voorspel
nuwe visioene boog deur die lug
waaroor ons struikel
in konfrontasie met die onbewuste

wat sou die /Xam dit noem
wanneer hul die nag sien skeur
wat voorbodes aan die hemelwand
magiese vuurbolle laat trek?
sou hulle dit kon ontsyfer
en gaan kyk waar elke streep se einde
in 'n maalklipholte lêplek vind?
- 'n spikkel silwer vir 'n mitologiese stralekrans?

droë rivierlope
skuur klippe oormekaar
en fluister magmawoorde
ondermekaar

die swartrugjakkals
se oë glim rooi
met die opkyk na die vlam
is dit die teken waarop hy wag
om lammers te vang?

vlermuise verloor hulle baan
en swenk vas teen rotswande
- en verloor so hul oerbestaan

skilpad draai sy kop
met moeisame evolusie
hy ken dit
en trek sy kop weer terug in sy dop
- binne sy eie omwenteling

ander kleinvee
toktokkie, muis en akkedis
trek laer en stem saam
dat ligstrepe niks goeds bepaal

die nagvoëls fluit
onrustig omdat hul dink
die wêreld is aan't vergaan

die diereriem verskyn
- ram, bul, leeu, steenbok ...
in hul wentelbaan
om die skouspel gade te slaan

toe begin 'n ligte wind
die boesmangras roer
die angstige stingels skuur teenmekaar
- wat dit as donker ekologie verklaar

'n uil knipoog
want hy weet
wie die boogskutter is
wat 'n nuwe sterreriem
deur die hemelruim priem
sodat 'n waaier sterrestof
oor ons almal kan warrel

ek draai my kop
en lê dit neer
ek hoor my hart
wat ritmies met die aarde resoneer
[9]- geslote en alleen

Heerser van die tongval

Na 'n ewigheid se dwaal
in kerkers en tombes
het hy 'n ander tongval gevind.

Nuwe sillabes het teer en stadig
soos heuning begin drup.
Sinne het borrelend
soos fonteine begin opwel
waar die Elwekoning in klipsale vertoef.

Drie ringe van die hemelwerf
het oor sy kop gehang.

Een ring om hulle te soek en te vind –
die wat hom liefhet.
Een ring om oor hulle te heers.
En die laaste ring vir saambind –
ook die wat in die duisternis woon
in die land van Mordor waar skaduwees draal.

Die heerser het 'n nuwe liturgie geskryf –
soos die van Chrysostimus
waar heilige rituele
getransformeer word in offerandes –
genesings en 'n reiniging.

―――――――――――――――――

[9] geslote en alleen – DJO.

Voldaan in die klipsale –
ook die van sy hart.

Die nuwe tongval
bly heers.
In misterie.
In verwordering.
In al die latere memories.

Sit tibi terra levis

Voor anker lê jou naam wat klou aan bakens,
seewier en rotse
en waaroor eggo's en deinings spoel.

Verlies word 'n honger dier
en sien 'n watermerk op 'n dik geweefde tou,
etikette op 'n versonke koffer,
brief in 'n bottel,
'n seewurm in die kloue van 'n seekat,
vis sonder skubbe.

Teen 'n gletserplaat klou jou naam
aan lug, sneeu en klip.
Bergarende sirkel daaroor
met skril gefluit.

Oral klou jou naam.

Verlies word gejag.
Geperste blomme verkrummel.
Briewe verbrand.
Memories gekruisig.

Al wat later teen die rotse oorbly is die epitaaf:
'Sit tibi terra levis.'

Mag jy lig weggesleur word
op jou vaart na onsekerheid.

Oorgangsrite
Vir K

Rembrandt of Vermeer sou dit anders geskilder het.
Jou hand voor haar oopgeskeurde mond as sy gaap
- om die vernedering te verskuil
- om die vertedering te belig en omlyn.

'n Stilportret in kil hospitaalkleure
terwyl herfs buite in geel en oker straal.

Maar *Marc Chagall* kom besoektyd.
Loer deur die ruit en begin skilder.

Hy verf vlinders wat tussen jou vingers
uit haar mond fladder
na al die tuine van herinnering.

'n Kombuisstoof, erdekom, vars gemaalde koffie, vrugteflesse,
'n plantjie met suurdeeg wat gis, 'n mandjie vol tuingroente
gortsop wat oorkook, gemmerkoekies,
geure, geliefdes, gedaantes.

Dan val en breek die geheue in stom skerwe.
Bitter min bly oor van 'n leeftyd.

Miskien net die bekendheid van jou vingerpunte
wat haar bene vryf? Jou vel teen haar vel.

Jou hande wat 'n roete in haar gedagte probeer vind.
Onthou sy die borspeld, 'n snoer, 'n uurklok in die gang?

Eenkant flits haar bloeddruk en polsslag op 'n monitor
omdat 'n verbete lewensdrif haar voortstu.

Die naelstring tussen julle bly.
Haar hand lê soos 'n omgedopte rakupotjie onder joune.
Deursigtig, barstig, fyn geglasuur.
Háár hand wat jou teen haar bors geboetseer het.
Sonder dat sy tóé geweet het sy baar 'n pottebakker,
sonder dat sy toe geweet het die barste in haar wete sou oopswel.

Buite val die murmelblare een vir een.
Binne skuif gordyne toe.

Haar mond skeur verder oop
en treur herhalend oor dooies wat verskyn.

Haar oë skil doppe af
en sien hom voor haar staan – jou pa!

Almal veg verbete teen die kil verwoesting.
Julle wil haar terughê soos júlle haar onthou.

Sy dwaal deur spinnerakke
'n ander lewe tegemoet.

Julle laat haar 'n druiwekorrel vashou en proe
en verewig die oomblik.

Jy lê haar neer.
Julle is van dieselfde meel gebak.
Jy vryf haar bene asof dit jou eie is.
Jy dra haar asof jy jouself dra.
Jy lê haar kop neer. Skuif haar reg. Druk haar hare plat
wat soos distels opwaaier.
Voor jou lê 'n landskap.

Jou blaarverbleikte ma
wag jou pa in vir die reis.

Die vensters gaan oop

die volmaan skyn in.

Nagvlinders karteer die roete
Die oorgangsrite begin.

Ons skryf sinne in die nag

Ons skryf sinne, maar in die nag wanneer boogskutters rus
wanneer die Negester helder oor ons skitter
en die maan in die weste sekel
wanneer die nag swyg oor rots, fynbos en berg
wanneer fosfor 'n oerson oopvlam uit die see

en alles, alles aan ons almal behoort

woorde is ook almal s'n,
net mý sinne is myne
waardeur ek domeine oopskryf
waters laat vloei
lig laat brand
klanke oopdraai
wonders verwonder
dieper verdiep
en gedagtes oorsein

jy is met water en woord in jou mond gebore
en 'n waaier van sterresproei wat soos lig uit jou val
en wie jy aanraak, jy laat skitter

jou woorde is lig
tergend, onnutsig
soos die klikkerpaddas in my tuin

murmelend soms soos water oor 'n rots
of 'n waterval wat 'n reënboog maak
- en soms stuitig en stout
(watter heiliges uit die diereriem het jou verlaat en versaak?)

jou woorde bot en blom
saai stuifmeel vir plesier
word 'n wegwyser, 'n voetpad, 'n oortog
niks kom maklik nie

ook nie dade wat aan die ewigheid grens:
weet net, jou waterwoorde, klipwoorde, rotswoorde, wolkwoorde
is vir altyd gebek en geboek

my woorde kom swaar
soos 'n balie wat water
uit 'n ou put optrek
vol slym en nageboortes
seën my woorde met sterresproei
besweer dit met wierook
geur dit met boegoe en hotnotskooigoed
vir bedwelming in 'n ander verbeeldingsfeer.

Haikoes

Ons loop die klippad
klip is klip en hart is hart
haltes vir oorstaan.

***

Astrofisiese
helderheid meteens oor ons
sterre brand ook uit.

***

'n Blaar dryf verby
niemand sien die onheil nie
alles bars dan oop.

***

Met leë hande
kom kniel ek voor jou
na als vertel is.

***

Stilte se antwoord
is 'n woordelose see
branders breek roerloos.

***

My naam word 'n vlam
wat teen ou klipwande lek
en neersif tot as.

***

Neem my rivier toe
sodat jy my kan neerlê
om dryfhout te word.

Ilze van Wyk Snydert

Ilze van Wyk (nee Snydert) is gebore in Pretoria, 'n Boeremeisie in murg en been (en bloed). Sy is 'n liefhebber van die Afrikaanse taal.

Digters uit die verlede waaruit sy inspirasie put veral, is onder andere N. P. Van wyk Louw. Sy het baie aangaande hom en sy geskiedenis en werk te wete gekom aangesien daar 'n museum op Sutherland, waar sy vir 'n klompie jare gewoon het, is.

'n Ander meester wat haar inspireer is C. J. Langenhoven. Die droogte op hul plaas buite Sutherland het haar geïnspireer om in 2018 te begin skryf.

Haar skrywes gaan meestal oor eie ervaring en observasies van mense rondom haar. Kenmerke van haar werk is binnerym en kontras tussen reg en verkeerd. Hoe donker haar gedigte ook al, sy probeer altyd eindig met lig, want sy Glo in hoop. Sy het reeds gedigte in twee gesamentlike bundels van die 'Diggroep vir beginners en begaaftes', waarvan die laaste *Kollektief* heet, gepubliseer. Haar droom is egter om 'n eie digbundel die lig te laat sien.

Die Bejaardes

Voetjie vir voetjie elke beweging
en elke beweging 'n oorweging
met die grysheid en wysheid
kom die vreesaanjaende styfheid

die eens sterk gevormde litte
verslap en rooi soos hitte
kreukels plooie en kronkels
hormone met verminderde vonkels

trane rol oor 'n verrimpelde wang
wat na ou herinneringe verlang
na dit wat was en nie meer is
die meeste weggebêre in 'n kis

in fotoalbums soos herfs se geel
en lysies met meubels word verdeel
die gees is nog jonk
maar die lyf in 'n tronk

vrees vir oudword
word om gewrigte gegord

vredemakers
biddende wakers
wat 'n voorbeeld stel
om nie oor aardse goed te kwel.

Die Middeljarige

Standvastige tree word gegee
en almal soek 'n huisie by die see

besighede vou of begin
slegs 'n sterk gesin oorwin

die meeste vat vrou en trou
en sommiges trap oor die tou

gesinne bestaan uit drie of meer
die kinderloses is seer of treur

middeljarige krisis word verlei
swak fondasies val en skei

kindertjies word verwerp
en verstaan nie kop of stert

terwyl die geskeides probeer swem
en almal teen almal probeer wen

spyt kom te laat
as jou geliefde jou verlaat

want mans mag nie huil
maar eerder agter aggressie skuil

dan loop liefde by die voordeur uit
en sit 'n familie met spyt

seer verklap geheime
en skei die uiteinde

die omheinde gesin staan sterk
as hul saamwerk soos die kerk.

Kindertjies

Treetjie vir treetjie
geklee soos *batman* of 'n feetjie

op soek na helde in 'n boek
raak aan die slaap met 'n bottel of doek

die kinderbybel word leer ken
maak of breek van waardes vasgepen

met baie vrae en baie hoekoms

en geen bekommernisse oor die toekoms

solank hul baie liefde ontvang
kan niks 'n mamma en pappa vervang

daar's monsters in die donker
soos skadu's in die maanskyn flonker

kinders word gesien maar nie gehoor
1-2-3 en jy't jou kind verloor

want kinders word te veel verwerp
deur volwassenes se selfsug snert

klein klikkiebekkies wat die waarheid praat
en geen geheime word uitgelaat

herinneringe word ingegraveer
oor al die goed en sleg wat gebeur

met kleine handjies saamgevat
kniel en bid 'n kind saam jou

lees jou Bybel bid elke dag
want dit gee jou krag.

Kindertoelae

Maatskaplike toelae
gaan vir dwelms en drank
die belastingbetaler kry pakslae
en stank vir dank

skoolgeld word uitgesuip
winterdrag met stukkende skoene
terwyl die ouers rondval of kruip
met gepleisterde nekke vol soene

siektes van losbandigheid
soek om hulp by die naaste kliniek
om nog 'n ongewenste weg te smyt
die pasgeborenes klein en siek

bou 'n nasie om net stem
met oorvol skoolbanke
want die meerderheid sal wen
maar al die skuld val op die blanke

Maatskaplike toelae
gaan vir dwelms en drank
die belastingbetaler kry pakslae
en stank vir dank.

Tieners

Onseker is die tree
en drank vervang tee

hormone
soos mormone

party is soos 'n hond op hitte
met sterk gevormde litte

eksperimente kan maak of breek
en geheime word versteek

'n deel word gewen en ander verloor
baie se seer word diep gestoor

Tik-Tok en YouTube is gesprekke se nuwe norm
wat 'n valse selfbeeld kan vorm

talente wat kom en gaan
en min word werklik verstaan

gebroke huishoudings verklaar
tiener swangerskappe gebaar

meisies probeer modelle wees
en seuns leef sonder vrees

min lees nog die Bybel
van die waarheid gesypel

bly weg van verblinde boeie
probeer is maar behou die goeie.

Waks

Sopnat gesweet
na elke pluk
word hare afgeruk
en skree 'n spyt wees kreet

klou en kleef soos 'n magneet
wat swaar dra aan sy juk
sopnat gesweet
na elke pluk

jy moet split soos 'n atleet
en hande viervoet buk
met 'n harde snik en sluk
kry die terapeut jou beet

sopnat gesweet
na elke pluk.

Andre Strijdom

Is in 1970 op Heilbron, in die Vrystaat gebore. Sy grootste belangstelling was gedigte, musiek en komposisies. Na 'n uitgebreide loopbaan as komponis en operasanger in Suid-Afrika sowel as Internasionaal, keer hy terug na Suid-Afrika. 2009. Terug op Suid-Afrikaanse bodem, begin hy sy loopbaan as skrywer, toonsetter en regisseur van verskeie Woordkuns produksies vir die Woordfees en KKNK.

Die produksies sluit in, *Lyflied* (Hennie Aucamp, digkuns) *Ontvlugting*. (Ingrid Jonker digkuns) en *Kombuisvrou van Harte* asook toonsettings van gedigte van verskeie Afrikaanse digters. Tans werk hy as musiekonderwyser, koormeester en komponis in die Helderberg omgewing. In sy vrye tyd werk hy aan sy eie digkuns en verf graag met olieverf.

Lapgeaardheid

Die mensdom is soos materiale wat verweef word deur die lewe
en elke mens het 'n persoonlikheid soos 'n kledingstuk:

daar is mense met die geaardheid soos die van fluweel
dit is sag maar tekstuursterk
duursaam en winterseisoen bestand.

Wol en viskose word meestal handgeweef:
dis veelsydig en meerdoelig
die digte weefsels selfs brandbestand.

Dan is daar weer mense ontkiem uit katoen:
dit is koel en sag soos drome – die soort stof is wat ons linne noem.

Party is weer glansend gespin van die blinkste sy
en sommiges van *krimpelien* en ander *crepe-de-chine*.
En dan is daar ook mense geborduur uit brokaat:
die fynste gare word gebruik want die soort stof is broos en delikaat.

Net soos materiale word die lewe fyn verweef
en elke mens se geaardheid pas soos 'n kledingstuk.

Daar is mense soos chiffon wat stylvol en vloeiend vertoon.
Satyn is van alle tekstiele van die luukste weefsel geweef.
Daar is mense wie se persoonlikheid dun geryg is soos kant,
die borduurwerk verg 'n vaardige hand.

Nylon en poliëster is sintetiese stof,
die unieke tekstuur maak hul kreukelvry.
Akriel en rayon is nabootsend van aard,
wat verskillende patrone van die hart kan maak.

En die Skepper van die mode
sny elke patroon persoonlik uit.

En daarom is jy nommerpas.

Duisend vorme

Ek kan dit nie verstaan nie dis onmoontlik om te sê,
maar wat ek in my hart voel, is om jou lief te hê

al maak dit my ook deurmekaar wat maak dit dan tog saak
om holderstebolder op jou verlief te raak.

Wat sal ek my tog steur aan wat mense dink of sê.
Ek is alleen en jy is die een wat betekenis aan my lewe gee.

Saam met jou neem die liefde 'n duisend vorme aan,
net by jou kan die liefde in volledigheid bestaan.

Saam met jou neem die liefde 'n duisend vorme aan.

Selfs al struikel die son of tuimel ook die maan.
Slegs by jou neem die liefde 'n duisend vorme aan.

Die liefde is 'n towerkrag

Die liefde is 'n narrespel wat ons almal saam laat lag,
maar onder die masker van geluk, kan 'n ander skrikbeeld wag:
die liefde kan 'n gewoonte raak, 'n dwelm wat jou beheer,
en soos jou siel al dronker word, sal jy êrens rekenskap moet gee.

Ja, die liefde kan die spasies van die siel omring.

Die liefde is 'n towerkrag wat in die hart se holtes pas:
maar wees gewaarsku: wees gepantser, wees versigtig en paraat
selfs die liefde kan ook kierang
en van ons mismaaksels met verwronge siele maak.

Die liefde maak lafaards van ons almal,
die liefde bring vertering met hom saam.
Met die groot vreugde gaan bitter-smart gepaard
wat raaisels en letsels van groot liefhê agterlaat.

Vinkel en koljander

Wat sal oor 'n honderduidend jaar van nou af gebeur?
Sal alles op dieselfde trant verloop – net meer en meer?
Sal ons ooit iets van onsself verstaan?

Sal daar ooit 'n oomblik wees
waaruit ons al ons foute kan leer

en iets beter sal kan leer?

Wat sal oor 'n honderdduisend jaar van nou af gebeur?
Sal daar 'n raaiselbeeld keer op keer bly groter spook?
Sal ons ooit ons doel en rigting vind
wat die wêreld eenmalig aan ons bied?

Hoe sal ons ooit ons hartseer en ons drome kan oorleef
en soos vinkel en koljander alles bly verander?
Die een is tog 'n spieëlbeeld van die ander.

Al leer 'n mens van kleins af om goed en kwaad van mekaar te skei,
is dit moeiliker as jy groot is om te verstaan
wat reg en wat verkeerd is.

Wat sal oor 'n honderdduidend jaar van nou af gebeur?
Sal alle lewenssirkels bly spiraal?
Wat sal ander na ons dink as hulle ons spore vind?
Sal hulle net soos ons dalk ook wonder
wat sal oor 'n honderdduisend jaar van nou af gebeur?

Tyd-aandele

Solank as wat die hemel blou is
en die aarde aanhou draai,
sal seisoene herhalend verwissel
tot die son tot stof verwaai.

Solank as wat die helderste dag
bly verkleur tot die donkerste nag
en tot tyd ons almal verraai,
wees verseker wat jy saai sal jy maai.

Tyd is onkeerbaar.
Niemand kan die kalender blokkeer nie.
Die horlosie sal aanhou bly tik-tik.
Teen die tydlose is daar geen verweer nie.

Al die dae, weke, maande en jare
glip so ongesiens verby:
maak die meeste van elke geleentheid,
want so 'n kans sal jy nooit weer kry.

Daar's mense wat bly leef in die verlede
en ander wat weer op die toekoms wag
en tussen al die gisters en môres
verloor hulle elke dag.

Dink voor jy tyd sommer om wens -
sekondes word gegee in pag
en later moet jy weer verslag doen
want die uurglas sal leegloop dag na dag.

Daar is 'n prys bereken vir alles.
Moet nooit iets vanselfsprekend beskou nie,
want skuldeisers eis skuld met rente.

Op geen manier sal iets vir niks verhaal word nie.
So sal die helderste nag
bly verkleur tot die donkerste nag.

Tot tyd ons almal verraai.

Hoe sal jy weet wie of wat jy kan vertrou?
Verraai dade en maskeer voorkoms nie iets wreeds?
Ons almal dra geheime met ons mee.

Verbergte gedrogte wat ons verwronge siele gee.

Geheime van liefhê

Ek het 'n mooi huis
en daar's blomme in die tuin.
In die somer is die kamers koel,

in die winter skyn die sonlig deur die vensters.

Die kombuis is gesellig,
die sitkamer is ruim.
Daar is meer as genoeg spasie
vir 'n ander persoon om mee saam te woon.

Daar is duisende vorme van die liefde
wat liefhê net in geheime kan bewaar.

Ek was deur baie kruispaaie van die lewe,
ek het dikwels verdwaal in die verlede
en by my spook dit elke dag nog meer:
die somber dinge wat oor jare gebeur het,
maar ek kan aanvoel dat by jou is dit veilig.

Ek sal jou tyd gun om al jou spooksel af te weer.
Jy sal dalk te lank moet wag voor dit gebeur.

My huis se deur sal altyd vir jou oopstaan
ek kan jou niks beloof nie,
maar dalk is daar in die nabye toekoms tog vir ons so 'n dag
om in stiltes saam te leef,

want daar is duisende vorme van die liefde
wat liefhê net in geheime kan bewaar.

Kuberruimte-engel

In stiltes ontvang ek jou boodskap
in stiltes hoor ek jou praat
waar die letters van jou woorde
my tref met jou SMS stem

in 'n onbewustelike oomblik
pleeg die leemtes verraad,
waar jou sinne in 'n virtuele landskap

onsamehangend my emosieloos laat

Sê my:
sweef ek in 'n kuberruimte-hemel
of trap ek in 'n tegnologiese hel?
Versigtig bespeur my vingers orals
jou opgebergde lewe saam met my.
Maar langs die elektroniese verwysings
kan ek skaars iets waardevols oor jou kry.

En so verloor ek alle vertroue
in hierdie sosiale-media-geloof.
Die netwerk kring wyer met gapings
Waar alle betekenisse geheueloos verdof
In hierdie uitgebreide kuberruimte van ons.

'n Tong-in-die-kies liefde

Pa, ek is op 'n ou verlief,
maar hy werk iewers ver weg.
Ons het ontmoet op 'n *dating site*
en vriende geword op *Facebook*.
Ons voer lang gesprekke op *WhatsApp*
en het verloof geraak op *Zoom*.

Al wat ek nou nodig het,
is Pa se *blessing* om met hom te kan trou.
Pa kan dit sommer dophou op *YouTube*
en saam in ons vreugde deel op *Teams*.
Ons kan dan kinders koop op *eBay*
en hulle laat aflewer deur *e-mail*.

En as ek gatvol is vir my man,
dan *auctioneer* ek hom op *Bid or Buy*.

Ode aan Breyten: Die man met die groen trui

Die arend wat verskuil was in 'n rooiborsduif,
het nou sy vlerke ingevou.

Sy reise waar oseane skitter,
bome vergroen
en sy boodskappe donker bloeisels blom,
is nou verstil.

Sy drome het altyd gebloei.
Sy woorde het altyd gewond.
Die suur kraaie wat oor die aarde wagstaan
was te blind om die mooiste blomme tussen die dorings raak te hoor.

Wat sal nou met die Afrikaanse digkuns gebeur,
noudat die grootste arend sy vlerke gevou het?

Ons vir jou

'n Taal is nie 'n monument nie
'n kultuur is nie 'n belofte nie
'n oorlog maak nie 'n nasie nie
'n politieke beleid bepaal nie 'n mening nie.

Dit lê soos 'n saad
in die vrugbaarste grond van die hart.
Dit ontkiem en skiet wortel
in die hoop van 'n droom.
Dit word in 100 jaar 'n reuseboom
in getroue liefde
wat deur die waarheid natgelei word.

Dit dreig nooit met onderlangse eensydige menings nie
sal nooit met skuldverwyte wysvinger blameer nie
sal nooit die foute van die verlede
toelaat om te herhaal nie.

Dis 'n stem wat druis deur hoë berge
verdorde grond ontvorm tot kleurryke blommevelde.
Dis 'n strewe na vryheid wat sal spiraal tot 'n ewige lewe.

Loretta Szikra

Is in 1969 in Pretoria gebore en het uiteindelik in 1993 die stad se geraas vir die Laeveldse naggeluide verruil. Die natuur inspireer haar, en as sy haar sin kon kry, sou sy met albei voete in die middel van die bos gebly het. Sedert sy kan onthou, was sy 'n boek en 'n kunswurm. Om te skep en te skryf gee haar vrede en perspektief – dit is haar uitlaatklep.

Sy skryf nie vir 'n nismark nie, maar vir elkeen aan wie se hart sy kan raak. Dit is 'n gawe van onse Heer en 'n passie wat sy moet uitleef – dit heel haar en leef in haar. Daarom kan sy die woorde en die stem in haar nie ignoreer nie. En, as sy 'n stem vir iemand wat seer het kan wees, of kan raak slaan met haar pen waar dit 'n impak kan maak, dan dien sy haar doel in die samelewing.

Spoelsand

Soos golwe wat teen die kuslyn dein
en bruisend oor die skulpiesand breek
spoel liefde ook oor die hart;
nie soos borrelbranders
oor 'n strand se speelkant nie
maar, soos spoelsand wat vergiet
en na 'n duisend jare heen
digteen die siel
se broosblou binnewand
tot kwartsiet
v-e-r-s-t-e-e-n.

Naspel van 'n vallende stel

In 'n laaste desperate spel
skiet 'n sterwende ster verby;
deur die Melkweg tersyde gestel
veg hy teen die nag se ebgety
waar hy vasgevang in die mag
van aardse swaartekrag
uitasem na lewe smag
voor hy prag en praal
'n laaste maal
sy glans subiet verskerp
om 'n finale flikkering
die heelal in te werp

Op soek na Ararat

In onstuimige waters
soek ons 'n Ararat
'n huis
'n tuiste
'n uitkoms

weg van misnoeë
en wêreldsmart
waar die olyftak
silwergroen
in die môreson blink

sodra 'n nuwe dag
nuwe lig
nuwe durf
en nuwe vooruitsig
oor ons onsekerheid skink.

Onder jou vel

Ek wil my liefde
los en vas
oor die landskap
van jou liggaam tatoeëer
terwyl my pen grendelvry
oor jou epidermis
se kontoerlyne
heen en weer gly,
waar my ink rakelings
die senu-eindes
van jou binnehuid
sensories stimuleer
en onder die hipodermis
infiltreer en prokreëer
om perkament vir perkament
tot óns magnum opus
te evolueer.

Skemer in Kartoem

In verskroeide strate van Kartoem
bars bomskerwe los oor die Nyl
waar magsiek monsters harteloos roem
om die broses tot ootmoed te doem
wyl onheil in krygsgewaad skuil
in verskroeide strate van Kartoem

elke huis en hospitaal verdoem
met braaksel van oorlog bevuil
waar magsiek monsters harteloos roem
en hulle eiewaan hoogheilig noem
terwyl skrapnel moskees deurpyl
in verskroeide strate van Kartoem

word honger krete deur gebed verbloem
as heiliges hul smeekbede huil
waar magsiek monsters harteloos roem
terwyl die Nyl die skemerson soen
as gebroke drome die vreemde inseil

waar magsiek monsters harteloos roem
in verskroeide strate van Kartoem.

Ver verby die somer

Met die somer aan flarde
en die winter in volle vaart
is jou bestaan die hittebron
van die eerste dag van my lewe
in die grouste koudste winter
vêrweg verwyderd
van my somertroos
is jy die kolebed
wat my hart ontdooi
met jou aanraking so vurig
soos die skemerson se strale
wat strelend oor my lyf flikflooi
jy is die aanbreek
van 'n nuwe dag,
die kraakvars begin
waarin liefde smeulend staan
om die bloukoud knou
van die winter se nypende byt
volkome hok te slaan.

Einde herfs

Teen einde herfs
het ons in dwangakkoord

die trekpas betree
kort daarna
het die kosmosse
hulle kleure uitgevee
en in die winterveld
se doodsbleek agtergrond
weggesmelt

maar, nog 'n winter later
staar die seer van ons verweer
my vierkantig in die oë
en laat dit opeens
bloupers kosmos kneuse
aan die skeurkant
van my winterhart
se brose wand.

Winterfront

Jy kom roep my nie meer
om saam jou te aanskou
as die weerlig dramaties
tussen die randjies bokspring nie

ek gaan soek jou nie meer
om langs my te kom staan
wanneer die sekelmaan versluierd
agter die wolke uitklim nie

ons hou nie meer hande vas
as ons saans gaan slaap nie
en voel nooit meer die galopklop
van ons harte teen mekaar nie

jy omarm my nie meer
deur stille winternagte nie
en nooit as te nimmer

hoor ons mekaar meer lag nie

want, mettertyd het ons kilheid
in 'n skrilkoud winterfront ontaard.

Ek hoor nie meer die musiek nie

Ek voel nie meer
die vibrasies van jou stem
in my siel se gange nie
en hoor nie meer die klanke
van (skyn)huweliksbande nie

ek gee nie gehoor aan woorde
oor liefde wat my bedrieg nie
en dans nie meer op die maat
van beloftes wat lieg nie

ek verloor myself nie meer
in die toonlose melodieë
van die (nie)harmoniese
musiek wat jy maak nie

maar hou myself doof vir die akkoorde
van die gal wat jy my maak braak.

As die laaste dolos draai

Vanuit rimpelhande
tuimel versteende bene
oor 'n bokvelmatjie neer
wyl die Inyanga se goëlgesange
teen die hange
van Mapochsberg uitbeur
daar, waar 'n vroeggebore baba
tussen dood en lewe draai
sal haar voorsate se geeste
die septer nogeens

in sý guns ook moet swaai
onder die awendster
se wakenede oog
hou sy die klein lyfie
na die godestad omhoog
terwyl sy moederhart onwillig
in die vuur van noodlot brand
kleef die geur van moetie
brakbitter aan die nag

want vir háár
het die laaste dolos
gatoorkop
in die semelstof
geland.

Dorsgety

hier, waar ek en jy
onbewoë
op ons agterstewe sit
en opgetoë toekyk
hoe Godswater
oor Godsakker
sypelend aanstryk,
delf ons eintlik lankal
die gatkant
van die onderspit
dwarsdeur
die polsende are
van moederaarde
se onherwinbare hart;
waar minerale
edelmetale
en lawende waters
onder die oppervlak
stelselmatig sak

en krimpend knak
(om 'n dorsgety te voed)
soos óns behoeftes
skaamteloos aanteel
en onverpoosd voortwoed.

Stilte voor die storm

Onweerswinde in donker gehul
begin weerbarstig asemhaal
om donderwolke met woede te vul

met behekste krag van die natuur
word mens en dier vermaerd gelaat
as sefiere verswelg in Elmsvuur

om die wat wil hoor tot insig te dwing
met 'n dreigende skrikbewind
wyl bolblitse oor die aarde spring

op die stemming van 'n hemelse gedruis
wat boom en metaal tot breekpunt knak
en beton tot in die steunvlak vergruis

wyl verdigsels in die wind te verwaai
soos vere uit 'n donskombers
wat wydverspreid gaan dwarreldraai

langs verlate strande se kronkelgang
waar bejaarde branders stil-stil sterf
voor die son haarself weer môre
aan die hemel se koepel gaan hang.

Daar was 'n tyd

Daar was 'n tyd

toe ons lief gehad het
sonder om te wonder
wat môre sou bring;
toe ek en jy
nog saam bestaan het
in 'n volmaakte liefdeskring

maar, al wat nog staan
in die roet en die as
van verbrande liefde
wat lank terug was,
is die gillende stiltes
wat ons spottend uitlag
en die misnoeë in ons oë
waarmee ons mekaar
vyandig betrag.

Sirkelspore

Kniediep in die ka(l)k
van brokkelende gesag
staan die ANC

net-net nie

op horrelpote
wat vlak sirkelspore trap
óm die donker gat
wat hulself gegrawe het
met nieherwinbare mag.

Verdiende loon

Alleen is ek
net 'n fragment
van hierdie heelal;

'n lasplek in die skakel
van liefde en leed

deur my dade
bepaal ek my aandeel
en betaal ek vir my lot
o n s e k e r
oor dít wat ek gee
en dít wat ek neem
en deur voorkeur
beërwe ek
mý verdiende loon.

Dietloff van der Berg

Hy het al meer as vyftig jaar gelede begin gedigte publiseer in tydskrifte soos *Tydskrif vir Letterunde*, asook in versamelbundels tot vanjaar in *flikker-gram*. Hy was professor in Afrikaans aan UKZN en het vir meer as 20 jaar *Die Skrywerskring* in Maritzburg gelei. Sedert 2010 kon hy hom op sy digkuns toespits, eers met *Rumi: Liefdesverse en aanhalings* by Naledi wat baie positief ontvang is en *Feesmaalgang* wat 'n unieke beeld van die ontwikkelingsgang van 'n digterslewe bied, om saam te val met die eeufees van Afrikaans as ampstaal.

Hebban olla vogala
Eeufees van Afrikaans as ampstaal.

Uit ou Amsterdam het Jan saam met Johann
en ander uit verskeie Europese lande,
veel later as die Khoi en San,
hier voor die wind aangevaar
en moes met Krotoa begin saam te praat,
want spraakloos was daar geen raad
vir 'n Kaapsche verversingspos sonder kos,
of Maleis-Portugese bredie uit die kombuis uit nie.

Vryburgers kon eers wel net wys
hoe uit of op dezen aarde,
dinge gekweek of geteel kon word
om te ruil vir iets van waarde,
maar daar was te min werkers om in te val

dus was hul aangewese op slaaf en slavin
uit Afrika, Bengale of vanwaar ook al.

Hul was baijang bly om uit Maleisië
ook geskoolde Moslem hulp te kry,
met ghoema wat geloofbarig aanhou klop
en lekka Kaaps nog steeds die hart verbly.

Die Hugenote het in Franschhoek
die kerk versterk en wingerde bewerk,
en gou by die Nederduytsche taal gehou
maar ons daarmee chardonnay van Viljee gegee.

Veeboere het oor berge en in dale verkas,
waar droge voeten geen gelukwensing was,
maar versengend met ghaap en kambro
en biltonge hul daarby aan moes pas.

Toe die Khoi-veeboere oor grondgebrek,
met hul moedertaal verruil vir Afrikaansch
begin noustrop trek, het hul hoeka noordwaarts
na die Gariep en Namibië in getrek waar daarmee
ma-goed steeds hul kjinners ook met gesange voed.

Die Oos-Kaap was agint vir die Groot Trek
wat toe oor Oranje vlaktes ook Natal oor berge
en deur dongas binneval om uit Transvaal
Zuid-Afrikaansche singende grensdrade weg te haal.

So fluit elke voël verjongend voort soos hy gebek is
van Oud-Vlaams tot Afrikaans se afgeronde koor
wat jy op RSG en verder met ons versamelsang
deurdringend op alle vlakke oral oor kan hoor,

want deur die eeue het ons saam hieraan gebou
kom laat ons dan jubelsing "Wat keer ons dan nou?"

Tafelberg

Teen Tafelberg se hang is die suiwerste bergwater
uit die wolkmis opgevang en dan gekondenseer om later
gefiltreer oor fynbos uit verskillende fonteine
en strome na Ohlson se brouery by Nuweland te vloei,
waar met mout en gis teen die regte temperatuur
dit omgestook is tot goue lager bier
waarmee sterwelinge dansend die lewensdrif kon vier.

Nou kom musiek oor die radio: "En dis hemel op Tafelberg
daar's 'n engel wat langs my lê en dis alles wat ek wil hê"
as hulle om die tafel sit en suig aan vaal Castle Lite
met oë vraend by die windgedrade laaste fluit
waar SAB met groot kapitaal wetenskaplik als ontsmet
en mistiek uit die hele proses weg distilleer het.
waar het ons verdwaal dat engele ons nie kon vind
om ons terug te lei en aan die oorsprong te verbind?

Daar teen Duiwelspiek bly van Hunks ook nog stook
om sy siel van die duiwel terug te koop,
maar ook met die groot geld uit sy buit gehaal,
kan hy vir geen gids betaal nie om hom te lei
na Smuts se toegegroeide pad wat hom holisties
tot op die toppunt van die berg kan kry.

By Lady Anne se bad verby moet jy eers berg in dring
waar deur silwerblaarbome die wind suiwer druppels nader waai,
tot wolke saamgebring, om te presipiteer en die stroom
se ruising van gevleuelde woorde nader nooi
om saam met die koor volle lewensvreude in te drink
dat elkeen verfris onder die Suiderkruis kan staan,
nie as net sterstof nie, maar aards geplant in 'n eie wentelbaan.

Benut

Vroeër het ek wild gespeel in my spiere se krag
nou moet ek net rustig sit en op die nutsman wag:
daar is lekkende pype en druppende krane
wat mens soms moedeloos werklik sal dryf tot trane.

Wat het jy verwag as jy net steun op eie krag?

Elkeen weet geboorte maak jou vir die dood gereed,
laat jou in die afgrond staar, as jy van God vergeet,
maar Hy is daar as jy net jou fokus skuif en wag,
nederig op hom om herstellend na jou te kom,
wat in krom gebuigde lyf jou nog jonkman voel
met stoomkrag wat driftig uit jou spuit
as jy nou maar net by die stopkraan uit kan kom.

Ag, sien tog nie die knorrige ou man aan,
maar hom wat bly geleef en ly het en nog hier bestaan.

Aanslag

Van jou oë oopgaan bly daar elke dag
ateïstiese bombardemente val
"Ons is net sterwende sterstof."

Hul wil jou die geliefde land prys laat gee
deur ingeprente slegs rasionele denke.
om liefdeloos onder goddelose vlag te wag,
geproseliteer tot daar is geen oordeelsdag.

Bly nie stilswyend in die loopgraaf lê nie
al worstel en wroeg jy met die misterie,
luister buite beperkte denke
na die musiek sonder grense
en begryp met 'n koeëlvaste liefdespantser
het jy meer as genoeg om jou te verweer

Die slagveld te betree en jou weg
in geloof, hoop en liefde terug te baan
waar jy vry onder die Suiderkruis kan staan.

Samesang

Kan ek nou maar net
die wêreld saam laat sing,
in perfekte harmonie,
dan is my werk voltrek
en kan ek vredig bed toe gaan.

Maar daar is dié vir wie
om dwars te trek
of agterklappe uit te deel,
veel meer vreugde bring.

Nou druk ek maar net my ore toe
en luister hoe Paoli en Bocelli
voor Severus se triomfboog
in Rome, met 'n hemelse koor
Nessun dorma met "My geheim is in my verskuil.
Met dagbreek sal ek wen." laat hoor.

Elmarie van Kampen

Daar is 'n paar ouerskapsartikels van haar gepubliseer in hoofstroom tydskrifte. Sy is ook baie lief daarvoor om rubrieke te skryf, maar haar groot passie is poësie.

Daar is heelwat van haar gedigte in verskeie versamelbundels en bundels wat gespruit het uit skryfkompetisies, gepubliseer. Sy hoop om haar debuutbundel die lig te laat sien, iewers in die nabye toekoms.

Jy

Is vir my
soos 'n geliefde boek
op my bedkas
'n kosbare bron
van meer as net woorde

jou buiteblad se rou eerlikheid
hou my vas
jou blote teenwoordigheid
bied onbevange troos

ek het boekmerkies geplaas
by liefde, goedhartigheid, getrouheid
nederigheid
só hou ek jou naby my hart
om weer na terug te keer

want ek sal altyd daardie dele van jou
weer talmend wil lees …

Druppel

Die plaasdam …
reuse natuurspieël
reg voor my
in die onmiddellike
nou

vanuit die heelal
net maar 'n druppel
'n druppel blink
uit die hemel se
blou

verlangekraal…moeggewag
swaarbekom
elk 'n druppel
'n traandruppel
in die lewe se uithou en
aanhou.

My lief

Jy bring nie vir my kosbare klip
of blink metaal
jy lok my nie met goud en silwer
jy tooi my nie met vleitaal

in jou oë se vriendelike lag
lewe jou liefde vir my
jou hande se warm omgee
bly my altyd by

hierdie liefde van jou
koester ek versigtig
in die binnekring
van my hart se onthou.

Plantasie

Wanneer ek my oplaas
in 'n plantasie gaan bevind
sal die stamme se geduld my oorweldig
en ek waarskynlik met nuwe insig
aan jaarringe dink

my poëtiese gebede sal losbreek
uit hul bidkamers
en hoër, steeds hoër gedra word
deur tak en blaar
tot daar waar die hemel oop
en die blou, blou is.

Troos

Ek het gedroom
dat ek op jou wag in die malse prag
van 'n kosmosland
ek het gewag
dat jy na my kom en my
van jou liefde verseker

dit het aand geword
en ek het gaan lê
met 'n kosmosblaar teen my wang
met die wakker-word het ek besef
die blaar wat sag gerus het op my wang

was eintlik God se vinger
wat my trane opvang.

Arnold van Zyl

Sy penwortel vir sy skone Moedertaal spruit uit die dorre plattelandse aardkors van die vorige eeu.

Dis hier aan die silwer lyne van sy lewenskrag waar sy gedagtegang en wese ontwaak.

Dis 'n rondomtalie van alfabet letters en woordbou-aispaai. Al die ongebore woorde wedywer om die lewenslig te sien. Met 'n wil en woorde nie te min, vloei woorde, frases en sinne haastig en vlytig deur verstand en hand om op papier te ets. Dis hier waar uniekheid van woorde begin bloei het. Hy het in 2008 begin skryf. *Ominous Lunar Eclipse* is in 2019 deur Malherbe Uitgewers gepubliseer en is die vertaling van *Onheilspellende Maansverduistering* wat in 2013 by Malherbe Uitgewers die lig gesien het. Daar is nege ongepubliseerde boeke, waarvan twee op FB sosiale blad geplaas is. Waar die *Melkweg vir Middernag* sit 2014. *Jou paradys se woordeskat* 2017.

Daar is baie van sy gedigte en kortverhale in saamgestelde bundels.

Die onthou dae

O, hoe snel het die tyd uit sy tydgleuf gesnel,
van papier vliegtuig, tot gestrande Boeing,
van sport begeester om huiswerk te fnuik,
van bordkryt en borsel, na elektroniese uitvee knop,

dáárdie onthou dae van rottang, tot hede se arme bloedjies,
die streng wiskunde meneer, tot knoppies optelsomme,
die bankstempel op my bankboekie, tot digitale verneuk,
ai, samesyn pouse se deel aan dié wat nie so begaafd is,

van kaal voete in snerpende ryp, tot das om die nek,
die onthou-goue-dae dissipline, tot eie waansinnigheid,
onthou dae se papier foto's, tot anoreksie gepeuterde foto's,
ons dierbare meesters se boordjie verhang deur antie Google,

die onthou sorgvrye wandel, tot onbegaanbare slaggat weë,
met hier sovele rigtinglose kompasse, tot net een Ware Weg.

Ken die hart …

Kom ons gaan speel tussen berghange en vleie,
dis jongmens streke uit my jeugdige dae,
'n hart met geen bange behae,
dis die spel van ons vergange tye,

met slingervel en kleilat in die hand,
voeg elk die woord by die daad,
met 'n klippie of klip, 'n stukkie klei of 'n homp,
is die twee ondeunde spanne vuur en vlam,

ai, dis 'n lekker … hierdie nuwe avontuur,
elk met 'n Dawid's hart,
word die werp tog 'n kuur,
want jou klippie of klip laat sy merk,

nog steeds ken die hart geen bange vrees,
wat gebeur met been of vlees
'n tydgang van g'n vrees.

Die nagtelike spoor

As jy nog die krag in klein blommetjies sien
dan is daar nog volkome hoop

as jou glimlag saam met die son die dag se sorge vergeet
dan kan jy nog baie vermag

as jou hart geroer kan word deur 'n kind se glimlag
dan het jou liefde nog nie gesterf

as jy nog verwonderd na 'n reënboog kan staar
dan leef jy nog in onvoorwaardelike geloof

as jy nog steeds 'n vriendskapsband het
dan het jy die onmoontlike oorwin

as jou hart 'n sweempie van opgewondenheid
en optimisme ervaar
dan het jy die doel van lewe ontdek

as jy mense die voordeel van twyfel gee
dan het jy goeie saad gesaai

as jy dreigende woorde ontvang
en nie kwaad word, dan het jy alreeds vergewe

as jy nog jou vyand kan verdra
dan het jy die Genade van Vader wedervaar

as jy die weë van die bye verstaan
sal jou honger met die goeie versadig word.

Jou perfektheid

Aan die vlakvark-tand se silwer-hang
roer 'n wederkerige seegang van ons denke
en perfektheid bly onbegrens in my sfeer,
jou koraal waarde breek die yk van die skaal.

Ware liefde lê nie in ander se oë-balans,
ware stories lê in die geluk wat reeds syn
by die stadige stomende koffie-prut-brousel,
'n majestueuse wonder skepping aan my verleen.

In elke kaleidoskoop se stomme sekonde bestaan
kon geen digter jou skoonheid besing of verstaan,
tog ... weet jy hoe om 'n man se hart te kantel
tussen die koffie aroma se geleidelike verdamp.

Diorama

My selfoon se battery ... skynbaar grensloos ...
dis nuwe nastergal groen weivelde vir die nóú
waar elke aptyt-instelling om die klok snoeperig
hier by my, hul smaaklik dik vreet aan welvaart.

Elke tweede dag voer ek die battery ontydig
uit die sweet van my aangesig se krom-staan
met hande in die hare ... dit word al gryser ...
elke Jan Rap se raad verdra geen wysheid.
In eie onkunde trek ek ook aan die slawe juk,
die juk-drywers vul hul utopie met ons onkunde,
al dieper en dieper word elke voortstu gedring
in die drukgang van steeds meer verslawing.

Wie ook ál rebelleer, se streke is gemonitor
deur slu kamera en mikrofoon as spioene,
hierdie norm het geen gewete oor elke siel,
skoppensboer loer snoesig deur visier oor roer.

Jou brokkel-hart

Groen is die mees gevaarlike kleur
dit kan enige tyd in 'n stonde verkleur
al is jou kosbare hart daarmee versier
is daar g'n waarborg vir versoening.

Met rooi kan ek my effe mee assosieer,
ek kan my weë na gelang met joue smee
jou rooi hart sal wel oor my welstand treur
al het ek die kosbare grondpad onderskat.

Al reis ek deur jou onbegaanbare brokkel-hart
wyl jou gebroke-hart-omlyning teerhartig bly
in hierdie hitte stryd kan die voete ook gly
oor daardie onvoorspelbare slaggate in jou oë.

Tussen groen en rooi lê 'n dormante oranje
tog 'n waarskuwing om wakker te loop …
so arriveer ek vinniger by my bestemming
om die verdwaalde y-aansluiting te neem.

Nuwe verskynsel

Die aroma van oudheid stuif die neus,
my voete draal, agterna my voet se voortsleep.
Elke dapper sekonde sneuwel sonder kla
soos die son die tyd aanjaag sonder mor.

Elke lewende siel se karakter is op die dros,
die vier windrigtings is verward met al die jolyt.
Hy stel nie belang in jou behoeftes,
hoekom en waarin stel jy belang in hom.

As jy sukses nie vind, moenie dan blameer
dat oudheid nie jou verlange vervul.

Tyd se voetval

Onpeilbaar in my wese se engte
lê stilte in my leefruimte se begrip,
gedagtes fluister na tyd se voetval
daeraad se hoogrooi gee nie bes.

Elke newel dag se weet word al minder;
wie weet, waar kruip weet al weer weg,
wie loop daar gunter in dorre hinterland
en sluit grendels van ongenaakbare weet?

Nerfaf gebidde knieë en halwe versoening,
lê 'n volmaakte Eden begroei met fabels,
inkennig prewel gedagtes oor eie idees,
alles is onpeilbaar in my wese se engte.

Elke newel dag het sy eie prospektering;
wie weet, waar kruip die lewens-ert weg,
wie delf daar gunter in dorre hinterland
en ontsluit die grendels van trotse weet?

Almal se sê lê nou in volmaakte spekulering,
sê my; hoe vêr lê jou bewering in waarheid …
sê my; net so diep as wat jy na lewens-erts delf,
ook 'n swerwer vir daai land van melk en heuning?

O! my lewens-klok het 'n beroerte gekry
oor hierdie moderne slim tydwyser.

Het g'n ma of pa

Die ink se vloei is haaks en steeks,
vir die blanko vel en sy afsydigheid,
elke woord stotter in eie gebrokenheid,
selfs gemoed wil kruit vat oor halstarrigheid.

Die hand en geduld smee 'n verdrag,
dat ink en blanko vel g'n ma of pa het,
jul twee sal maak soos daar gesê word,
dis hartswoorde met eie bestaansreg.

Al dink die buitewêreld dis g'n werd ...
Hoe sal jy van al die struwelinge weet?

Heuning-dou

My beminde sweef oor berge en deur valleie,
die lateie van haar aardse woning is geloof,
al die beskot is uitgevoer met louter woorde,
die dak oor haar hoof is van lofwaardigheid,

oë tuur van agter die muur, deur die venster,
ek koekeloer ... deur tralies na haar turkoois oë,
die blos op haar wange laat rein liefde uitstraal,
my gevoel, soos 'n duif se gefladder in rotsklowe,

rein is haar liefde, beter as wyn en fyn speserye,
hier in die skemeraand se groet is haar stem soet,
kom noorde- en suidewind ... bevry balsemgeure
die lang skadu's vlug voor die wind se gewuif,

vertel tog; waar soek ek tussen die lenteblomme
na haar woorde soos heuning-dou wat my bedwelm?

Elizma van Zyl

Elizma van Zyl is 'n 63 jarige weduwee en beroepsvrou woonagtig in Hartenbos. Sy is van jongs af lief vir joernale hou en skryf. Sy het in 2012 haar eerste boekie, *Skatte in kleipotte* self uitgegee, maar het eers ernstig begin dig en skryf na haar man se afsterwe in Desember 2016.

Sy is deel van 'n digtersgroep in Mosselbaai, Digterstemme. Hul eerste digbundel het in 2021 verskyn met dieselfde naam. Sedert 2019 is verskeie van haar gedigte op AVBOB poësie se webblad gepubliseer asook op Versindaba. Haar gedigte verskyn ook in die bundels *Inkspraak 2,3 & 4* en een van haar gedigte is opgeneem in die Covid-19 bloemlesing, *Maskers en Mure* uitgegee deur Turksvy Publikasies. In 2025 word haar boek wat bestaan uit Poësie en Prosa, *Uit rou gebore*, gepubliseer deur Turksvy Publikasies.

Die grys gebied
(daar waar die lewe gebeur)

As ek nog geglo het
alles gebeur vir 'n rede
sou ek glo
hierdie gebeure is vir 'n rede
in swart en wit gegiet
maar dit was alles verniet
sonder enige rede
is dit in die grys gebied
tog

sonder om te redeneer
sonder om God te blameer
seëvier vrede
met die grys rede.

Galileo Galilei

As jy nie wil weet
die aarde draai om die son
hoe gaan jy weet
die Skrif is opgesom
toe die aarde plat was
die lewer 'n fontein van bloed
en mense geboei was
as hulle hipotese anders vermoed

Galileo as jou teleskoop
vandag tot in die hemel kon kyk
gaan ons jou daar sien?
en almal wat moes boet
vir die sondes van hul vaders
en dié se vaders?
of gaan ons 'n kaleidoskoop
van sterrestelsels ontdek
wat verby die hemel strek?
tog sien my oë jou God
Galileo Galilei
as ek net na die hemel kyk.

Bevry die Spreukevrou

Moet my nie besing
by die stadspoorte nie
moet nie op my steun
om my vrugte te pluk nie
moet my nie meet

aan edelstene nie
moet my nie besing
as my lamp nog brand in die nag
moet my nie besing
as ek ons kinders voed en klee
moet my nie besing

laat mý toe om te sing
laat my toe om te dans in die reën
gun my om vrou te wees
onbevrees
laat my toe om te sing
laat my sing.

Die X-faktor

Is dit genetika
my generasie
of net genade
dat mý dubbel X
volmaak gevleg en geweef is
sonder swak skakels
sonder wonder of my ander X
nie 'n Y moes wees nie
sonder worstel met vrouwees
vasgevang in 'n man se lyf

tog is ons almal geweef
sonder keuse
gevleg in die moederskoot
met of sonder
die X-faktor.

Fosielgas

Hoe lank nog

gaan hulle jou hart oop boor
na organismes soek
in jou bodem gestoor?

hoe lank nog
gaan hulle jou bors oopkap
elke druppel energie
uit jou tap

hoe lank nog
voor jou put opdroog
mense honger ly
en in die strate betoog

ken jy die waarde
van jou warm water?
dan wonder jy nog
hoe oud is die aarde.

Genoeg

Wanneer is genoeg genoeg
wanneer hou mens op
die krake fix
die stukke optel
en aanmekaar las
al wil hulle nie meer pas
wanneer hou mens op soek
na verlore stukke
op stukkende knieë
wanneer is geloof, hoop en liefde
nie meer genoeg
nie meer die gom
wat alles bymekaar voeg?
miskien, net miskien
wanneer ons besef
die "double-sided-tape"

was net aan die een kant
gegom.

Siembamba

Siembamba mamma se kindjie
mamma maak vir baba bang
bang vir die slang
bang vir die vuur
baba is bang
hy steek die naald in Sy se oog
hy maak Sy hartjie seer

siembamba mamma se kindjie
draai bang se nek om
gooi hom in die sloot
trap op sy kop
dan hy is hy vir ewig
dood.

Jonine von Wielligh

Is 'n 53 jarige introvert. Woonagtig in die Kalahari. Sy het nog altyd die lewe intens ervaar en haar liefde vir digkuns het vlam gevat in die era toe Facebook-digters na die oppervlak gekom het in groepe soos Carpe Noctem. Sy het groot agting vir digters soos Breyen Breytenbach en die immergroen Ingrid Jonkers en vind inspirasie uit hulle vindingryke woordkeuses en slim gebruik van metafore.

Ma

Ma se oë was rotspoele op
die wit kussing in Medikliniek
haar lyf 'n smal sy-stroom
teen die opgehyste bed
gevorm oor dekades
deur die erosie van tyd

die hospitaalkamer was 'n spelonk
'n deurgangs portaal tussen lewe en dood,
sy het geweet sy moet aan beweeg
saam met die eb en vloed

ek was nie daar nie
toe ma se laaste brander breek
in die finaliteit van die ander kant.

Minimalisme

Om lig te lewe is meer as minimalisme:

dis nie net agt wit koppies en borde
of twee Levi-jeans en *colour-coded* hemde
eweredig gespasieer in hangkaste nie
om lig te lewe is om vrylik asem te haal:

dis die vryvloei van suurstof na
die grondvloer van jou longe,
dis om sketse van bome teen dun-blou lug
te bewonder en die geel-goud van die son
in jou lyf vas te keer

om lig te lewe is die siftings van bestaan:

dis die soeke na innerlike vrede
en die blok van social media doemprofete,
dis die vermyding van toksiese interaksie
en weg bid van demone wat vuil spore trap
op die altare van 'n skoon geskropte hart.

Reisgenoot

Psalm 24:1 (Nuwe lewende vertaling)
Die aarde behoort aan die Here
met alles wat daarop is,
die wêreld en alles wat daarop lewe.

Maak my U reisgenoot, o Heer
deur die kringloop van seisoene
en hierdie kantel-dae van Maart
wat aan U behoort.

Maak my U reisgenoot, o Heer
in hierdie voortslepende gewag
vir die goue drade van herfs
om deur boom en struik te weef.

Maak my U reisgenoot o Heer
deur onverwagte struikel-winde
en deur vloei-lyne van riviere,
oor berge (roerlose altare) en deur dale-
die kroondraers van U skepping.

Maak my U reisgenoot o Heer
deur grondpaaie van genesing
ek – net 'n DNA groepering
'n stippel in die groot heelal.

Rotasie

Mense met strak gesigte
stroom daagliks uit malls
en koffiewinkels met gebuigde hoofde
oor die 21st century afgod-slimfone

motors jaag op high-ways,
die werkersklas stres
oor deadlines & finansies
en spoke uit die verlede
waaroor niemand praat nie

everybody hurts, almal bloei na binne!
ek soek na die emergency exit in my skedel
om te vlug van die gedagtes
wat roteer in my kop.

'n Saterdag in September

Vinke en duiwe vroetel uitbundig
tussen oggendkrummels op die gras
wat tekens van lente toon.
Die swaarmoedigheid van winter
het die lug verlaat, die huismense lê laat.

Magrietjies blom oop-arms om tuinbeelde,
lavender floreer in ou sinkbaddens
en clivias en fyntuin juig
oor die ontwaking van September.

Ek drink cappuccino en lees
gedigte van Sheila Cussons
op ons pienk geteëlde stoep
en teen die verste muur
blom 'n rankroos in trosse wit gebede.

Oogkontak

In hierdie sterbelaaide nag
waar net 'n sagte wind
deur die wilgerboom se blare roer

sit ek vir 'n oomblik stil en bewonder
die ingeduikte wange van 'n sekelmaan
wat deur gordyne van die uitspansel
na my loer

en ek onthou die veldbrand van jou hande
die toringvlamme van jou vingers
terwyl ek talm in die wete
niks sal ooit weer wees
soos hierdie uur.

Voortvlugtend

Ek herleef jou in segmente
in die herhaling van verdriet
sluipend soos 'n skaduwee
annekseer die eggo's van jou woorde
my elke asemteug.

In die eensaamheid van hartskatedrale
vul jou afwesigheid leë spasies
en waai die winterwind verraad
deur die spookdorp van my gebeente.

Helaas roep verlossing
uit die kern van my wese:
Om Godsnaam,
Laat my leef in vrede!

Aneurisme

Die oggend was soos elke ander dag
jy het werk toe gegaan
na die waarheid van jou hande,
in die sweet van jou aangesig
is jou dagtaak verrig met
bore en beitels wat spreek in tale
toe 'n aorta-arterie in jou liggaam vulkaan

die geskarrel van medici kon nie verhoed
dat die hemel oopskeur
om jou te kom haal

maar God weet die ergste was
toe 'n tienjarige vra: "Waar is my Pa?"
en ek moes verduidelik
jy het na binne dood gegaan.

Dahlialaan

By die huis in Dahlialaan
waar 'n lemoenboom
eensaam in die verwese tuin
tussen doringbosse staan
hang eens grys gordyne nou dun gekyk
voor vensters wat letsels dra
van klippe en die ontvlugting na wyn.

Roesdraad en 'n skietgebed
hou deur en kosyn bymekaar
waar sy op die ysterbed
in haar deurleefde rok
met leë oë na 'n yler toekoms staar

Waswater staan eenkant
in 'n skottel op die stoep,
'n sonneblom staan op aandag
('n skrilgeel vlag)
voor in die dwaaltuin
waar moedverlore woon.

Om heel te raak

Hoe heel moet ek raak
om weer na die sinagoge
van die oseaan te kan gaan,
vrede af te bid
en die psalms van branders
om my voete te ervaar?

Hoe lank voor ek nie meer versigtig
na binne hoef te kyk
of ek jou daar gewaar,
of jou soek in die geil glans
van die maan wat snags oor ons waak

(nes God nog altyd maak)?

Hoe heel moet ek raak om
weer gebooie raak te lees
in die Bybel van my gees,
hoe lank voor ek weer kan glo
môre is net 'n dagreis ver?

Etna Wepener

Woon in Widenham aan KZN se suidkus. Haar familie is toegewyde ondersteuners van haar skryfkuns.

Nadat sy in 2018 in die onderwys, afgetree het, het sy opnuut haar liefde vir skryf ontdek. Sedertdien het sy al meer as 2000 gedigte geskryf, insluitend 'n hele paar Engelse en Nederlandse gedigte. Sy het haar eie digbundel, *NeteMWee* (wat na haar voorletters, M.W. verwys) in 2020 uitgegee. Sy ag haarself bevoorreg, want van haar skryfsels is al in byna 20 gesamentlike digbundels / kompilasies ingesluit. In 2021 is een van haar sonnette by die Afrikaanse Taalmonument. Sy het ook al etlike plekke met haar gedigte verower in die Genootskap van Afrikaans se digkompetisie.

Dit gaan vir haar oor die onbeskryflike bevrediging wat dit haar verskaf om gedigte te skryf en met ander te deel. Ten spyte van gereelde digdroogtes, sal sy nooit ophou om 'n dogter van die woordkuns te wees nie.

In die nou

Konstant
sonder onderbreking
V
A
L
sekondes van my toekomstige as
deur die tydgleuf van my uurglas

geen korrel kan gebrande kastaiings korrigeer
geen wens of gebed kan tyd terug laat keer

daar lê net toekoms in die kelk van
n o u
wat stadig in glas
A
F
G
L
Y
en dit nie terug kan
h o u

flietende frases van 'n lewe
 G
 E
 L
 Y
piramide in die uurglas van tye
 V
 E
 R
 B
 Y

tóg slaan ek my oë op na die sand wat oorbly
waar geleenthede en vreug' in genadehande
g e d y

ek sal halleluja sing met my jeuglose stem
ek sal vlak glimlagplooie met graagte verdiep
ek sal met seer ledemate gerwe vol mooi opswiep
terwyl ek nog strekvlerk
in my hede kan
h a n g

al is die skeidslyn in sig
is ek nie meer bang
CARPE DIEM
skree my vol longe
TIK-TAK
pols my blye hart

ek lewe
EK LEWE

VERGEET DUS EERS VAN STERWE SE TART.

Ekwilibrium

Ek ry wipplank op die weegskaal op soek na ekwilibrium.
In pole sal emosies sig-sag in wit verswart.
Waarom word die oorvloed van my vreugdes
se balans so maklik versteur deur die hart?

Ek kyk intens na my wêreld se diep oë
en wonder waarom daar steeds geheime is.
Soveel teorieë is gelaai op die glyskaal
van gemengde gevoelens wat soms in gisters gis.

Ek reflekteer in die spieël van bedrieglike waters
waar ek al gepronk het in watergimnas se slag.
Nes uitkringgolwe longitudinaal én transversaal is,
versteur duik-emosies stil oppervlaktes se perfekte simmetrie-prag.

Soos hoogtes van golfkruine en laagtes van trôe,
is dag en nag en op en af in skepping ge-antoniem.
Tóg ontmoet die parallelle breedtelyne van noord en suid
aan die grens van die ewenaar soos sinoniem.

Ja, ek mág my nagte van twyfel en wroeging ervaar,
en ek mág my dae van vreugdes uitbundig uitstraal,
want geen emosie is latent of sonder erosie,

omdat die mens altyd daarna smag om sy ekwilibrium te behaal.

Geel se bindkleurkuns
(Persiese kwatryne)

Duur saffraan het rykgeel deur fyn vesels gegroei
soos uitbundige songoud se soel sproei
van opbeurkuns wat kranse vol strale meebring
nadat dit in gesmelte sirkels op bindkleurlap sou vloei

uit eens geknoopte weefstof het vrolike kleur ontspring
in vele verrassende en energieke skakering
goud het uit gulgeel kern soos botterblom gebloei
toe jolige pigmente van somervreug' in kleurstof uitkring

"Bindkleur" – "tie dye".

Grafblomme ... genadeblomme

Aan die oewers van menig' teer- en grondpad
in pragtige poeierpastelle van perlemoen
blos kosmos soos ongekunstelde kant
wat die braakland se kras kakie verbloem

duskant distansies van plase se doringdraad
sal die saad jaarliks dormant lê en slaap
hulle wag om soos 'n Vrystaatse Keukenhof
uit die stof van seisoen se sterf te plof

slagvelde vol genadeblomme, ongesaai
wat in die draai van veranderende winde waai
om in verruklikheid uit verledes te vertel
van die Anglo-Boereoorlog se loutere hel

wie sou kon raai dat ingevoerde perdevoer
kosmossaadjies uit Argentinië saam sou bring
wat op die rooigrond van Kakie- en Boerebloed

ewig daarna in blomkranse uit sou kring?

grafblomme van gesneuweldes?
indringers nes mense-inkommers?
maar "kosmos" uit Grieks vertaal na GEORDENDE HEELAL en HARMONIE ...
o, wat 'n vreugdevolle, maar verwronge blomsimfonie.

Branderrepetisie

'n Kuif blou water krul
en met boogval se brul
breek akwamaryn
in soutwit seeskuim
wat oor 'n strand jaag
net om in sand te vervaag
tot sy opvolger kom
om onstuimig te blom
waar see en land ontmoet
in repeterende groet.

Skepping

Die harlaboerla van woordeskatte
wriemel in my waansinnige wanorde
wanneer ek soos 'n woer-woer-gek
poog om 'n plekkie aan my tafel te dek
vir elke gekeurde genooide gas
om in die malse skepping van my strofes
die kadens van kunstige orde te betree
en in my passie van poësie
se onperfekte perfeksie te pas.

Grensoorlog se rou

(Protesvers, opgedra aan Tweede Luitenant Daryl Quinton Brandon wat saam met my man in Angola was, en op die dag waarop hy sou huis toe gaan (3 Januarie 1976) doodgeskiet is nadat hy teruggehou is vir een laaste oorhandigingsoperasie.)

Dis ja
dis amen
Minister
Generaal
pionne van politieke polemieke
word bebloede statistieke
wat as gekamoefleerde skimme
'n ander land se grens oorsteek
om met jul verskuilde agendas
Marxisme te probeer breek

vervangbare kanonvodder

Vaderlandseuns

Ma se kind

gedwonge diensplig
het 'n generasie verslind

ek was een van baie
net 'n weermagnommer
maar kort voor uitklaar
en Flossievlug na civvy-straat
moes ek deel wees van 'n oorlogsdaad
en dít

Minister

Genenraal

was mý lewensdief

o waarom was mý tyd

gemeet aan jóú onsinnige stryd
en die egotaktiek van een laaste offensief?

my volk dra steeds swaar
aan PTSD
en die groot verwyt

ek sal met my "dog tag" tussen my tande
aanhou protesteer oor hierdie skande

Minister

Generaal

sal name soos myne teen 'n marmermuur
ooit aan regerings en magte mý boodskap stuur?

Hier sal ek groei

Hier waar ek geplant is, wil ek groei.
Ek sal bot en floreer as die tuinier my snoei.

Ek wil met my wortels diep dring deur humus en klei
om voeding en water en standvastigheid te kry.

Hier wil ek my takarms wyd hemelwaarts strek,
want ek is deur jóú geplant op hierdie spesiale plek.

Ek sal my dik dos loof soos sonvangers rig,
sodat ek kan fotosinteer in die hiér se lig.

Hier wil ek lommerskadu's vir die moeës gooi
en in lentes myself met soet bloeisels tooi.

Ek sal ook in my herfs se kreukelknars en roesrooi

voor my laaste winter, stééds dink ek's mooi.

Hier wil ek in jaarringe my geskiedenis nalaat,
selfs al staan ek finaal bleekkaal langs lewe se doodloopstraat!

Begin en einde
(Dubbel nonet-gedig)

Kuiltjies op elk' kaalbas bababoud
poeierwit drifsels in voue
tussen opsoen-vetrolle
skattig en o so fraai
skop-lê spoegbekkie
met sprankellag
en groeislaap
die wag
sag

mag
se krag
is gekaap
as ewig' nag
roep by my hekkie
en doodse vergaan saai
by gister se pronkbolle
as die liggaam pyn in koue
word "oulik" net onomkeerbaar oud.

Nawoord

Hierdie is 'n bundel wat spreek van die digters se digkuns wat individue in staat stel om hul gedagtes, gevoelens en ervarings te verken en uit te druk, dikwels op maniere wat moeilik of onmoontlik is om deur alledaagse taal oor te dra. Deur ons eie emosies en ervarings te deel, kan digters op 'n dieper vlak met lesers skakel, wat empatie en begrip bevorder

Ook kan dit 'n kragtige hulpmiddel wees vir selfrefleksie en verkenning, wat individue help om hulself en die wêreld rondom hulle beter te verstaan.

Dis dae soos vandag
dat ek wens
ek wens die aarde draai op sy kop
dat perspektief uit 'n ander hoek kan kom
ek wens die maan kan spore los tussen ons
ek wens sterretjies kan kom wegkruipertjie speel
dink net al die duisende liggies op straat
ek wens
die nag was heldersiende
dan sou elke dag nooit 'n raaisel gewees het nie
ek wens
mense kan besef hierdie lewe
gee nie vrede
jy moet dit wil
dit gee nie vreugde
jy moet dit self vind
en liefde is net reënboogspel
wat teen die hemel speel
ek wens ... ek wens
ek regtig wens
daar kom 'n verskil

Die gebruik van beelde, metafoor en ander literêre toestelle in digkuns moedig lesers aan om kreatief te dink en hul eie interpretasies te ontwikkel.

soms
huil woorde
in ons hart
asynsuur en vol smart
en met die seisoene
wat in ons verander
vorm dit 'n fetus
tot die siel kurkdroog raak
soms
huil woorde blydskap
soos alles in ons heel raak
nuut word ...
wanneer ons opkyk
in die oë van ons Skepper
wat neerkyk en ons aanraak

Hier kan ons woordeskat verbreed en ons begrip verbeter van hoe taal gebruik kan word om spesifieke effekte te skep.

Wat is mooier as die liefde:

Here, ek wil 'n hooglied-bruid wees

Hollywood-bruide
wys net die mooiste mooi
die uiterlike waaroor almal droom
satyn, sy en kant
vioolmusiek tussen
die duine-sand

Here, ek wil 'n hoogliedbruid wees
kaalvoet, sonder voorgee
laat die man my skoonheid sien
tussen die stoflae
van die jare tussen-in
die mooiheid wat my innerlike gee
sy woorde wat uiting aan sy liefde gee:

"jy is mooi, my lief
jy is mooi
jou oë is duiwe
waarin ek vrywees lees
jou siel die anker
waaraan ek vashou
jou hart die rusplek
waar ek my liefde neerlê."

In wese is die doel van die digkuns veelvlakkig en diep persoonlik. Dit kan 'n hulpmiddel vir selfuitdrukking wees, 'n manier om die wêreld te verken, 'n bron van plesier en vermaak, en 'n manier om te leer en te groei. Die skoonheid van die digkuns lê in sy vermoë om op 'n diep menslike vlak met ons te skakel, ons verbeelding aan te wakker en ons gedagtes en emosies te inspireer.

Daarom is Die Nuwe Era Groot Verseboek 2025 saamgestel sodat elkeen wat hier lees vervul kan word met poëtiese woord en mag die digkuns voortleef in ons lewe, ons harte en ons die voorreg sal hê om aan te hou dig in ons mooi taal, Afrikaans.

verlore in die woord-hemel
geverf met roos en wit
waar wolke vrolik vry-hang
daar ...
sal jy my kry
waar ek eendag my woorde sal hang

Mooi groete
Heleen Malherbe

www.ingramcontent.com/pod-product-compliance
Lightning Source LLC
Chambersburg PA
CBHW081327090426
42737CB00017B/3048